HEYNE ‹

Dr. Christopher Nehring ist »Leiter Forschung« im Deutschen Spionagemuseum in Berlin. Er promovierte zur Geheimdienstgeschichte und ist Verfasser zahlreicher wissenschaftlicher und journalistischer Publikationen auf diesem Gebiet.

Christopher Nehring

DIE 77 GRÖSSTEN SPIONAGE MYTHEN

ENTRÄTSELT

WILHELM HEYNE VERLAG
MÜNCHEN

Verlagsgruppe Random House FSC® N001967

Taschenbucherstausgabe 06/2019

Copyright © 2019 by Wilhelm Heyne Verlag, München,
in der Verlagsgruppe Random House GmbH,
Neumarkter Straße 28, 81673 München
Redaktion: lüra – Klemt & Mues GbR
Umschlaggestaltung: Hauptmann & Kompanie
Satz: Satzwerk Huber, Germering
Druck: GGP Media GmbH, Pößneck
Printed in Germany
ISBN: 978-3-453-60514-5

www.heyne.de

Inhalt

Organisationen, Persönlichkeiten und Operationen

Der Kalte Krieg 161

Vorwort
Geheimdienste und ihre Mythen

Schon das Wort »Geheimdienst« beflügelt die Fantasie. Und das liegt nicht nur daran, dass von Geheimnissen im Allgemeinen eine Faszination ausgeht. Mit der Schaffung geheimer Dienste, von denen im In- und Ausland kaum etwas bekannt werden durfte, gaben sich Regierungen ein ganz spezielles Instrument an die Hand: Hier sollten die Aufgaben erledigt werden, die andere nicht erledigen konnten oder wollten, und das möglichst im Geheimen. In der Zeit der klassischen Geheimdienste zwischen dem Ersten Weltkrieg bis hinein in den Kalten Krieg waren »handfeste« Geheimdienstaktionen wie Sabotage, Liquidierungen oder Entführungen weitverbreitet. Deshalb werden Geheimdienste oft auf *»dirty tricks«*, »scharfe Maßnahmen«, »nasse Jobs« oder »verdeckte Aktionen« reduziert. Die eigentliche Spionage, das nachrichtendienstliche Kerngeschäft des Beschaffens und Auswertens von Informationen, wird dabei gerne vergessen.

Aus dem Militär, dem Polizeiapparat und dem Außenministerium hervorgegangen, war die bloße Existenz von

Geheimdiensten für lange Jahre ein gut gehütetes Geheimnis. Welche Regierung hätte schon freiwillig zugegeben, dass sie Institutionen unterhielt, deren Aufgabe darin bestand, die Gesetze anderer Staaten zu brechen? Der britischen Öffentlichkeit beispielsweise wurde erstmals in den 1990er-Jahren, nach dem Ende des Kalten Krieges, der Chef ihres Inlandsgeheimdienstes MI5 vorgestellt. Der deutsche Auslandsnachrichtendienst BND wies erst 1996 durch ein Schild auf seine damalige Zentrale im Münchner Vorort Pullach hin. Und erst 2014 »enttarnte« der damalige BND-Präsident Gerhard Schindler einige andere Dienststellen des BND in Deutschland.

Doch Menschen, vor allem in größeren Gruppen, sind nur selten in der Lage, Geheimnisse zu bewahren. Und insbesondere staatliche Bürokratien sind anfällig für Gerüchte. Irgendetwas drang also immer nach außen. Jeder hatte schon einmal von einem Geheimdienst gehört. Von offizieller Stelle kamen allerdings keine Antworten, sondern lediglich Verweise auf die Pflicht zur Geheimhaltung. Doch je größer die Geheimniskrämerei, desto mehr brodelte die Gerüchteküche. Die Geheimnisse um die geheimen Dienste nährten den Mythos der Institution Geheimdienst. Regierungen, Journalisten und die Dienste selbst machten sich das geschickt zunutze: Regierungen fanden mitunter in Institutionen, die sich nicht öffentlich äußern durften, Sündenböcke für ihr eigenes Versagen. Aufgebauschtes Halbwissen und unbestätigte Gerüchte ließen sich von Journalisten gut zu Schlagzeilen verarbeiten und erwiesen sich gleichermaßen als nützlich für das Image der Geheimdienste. Auch umgekehrt wurde ein Schuh daraus: Berichte über Skandale wie Versagen, Korruption und Verschwörungen waren, selbst wenn kaum etwas Substanzielles daran war, immer eine Story wert. Wohl kaum eine andere staatliche Institution hatte über Jahrzehnte ein so widersprüchliches Image wie der deutsche Auslandsgeheimdienst BND: Einerseits galt er als Gurkentruppe, die nicht in der Lage schien, nennenswerte Informationen zu beschaffen, und von ihrer Regierung geflissentlich ignoriert wurde. Andererseits war der BND eine geheime Macht, immer mit Verschwörungen, Abhöraktionen und der Fremdsteuerung von Politikern, Medien und der Wirtschaft beschäftigt. Eine allmächtige Gurkentruppe, die im Hintergrund die Strippen zieht – so etwas konnte nur einem Geheimdienst angedichtet werden.

Außer den Geheimdiensten hat allenfalls die Kriminalistik diese besondere Art der Faszination in die Literatur übertragen. Denn fast zeitgleich mit den Gründungen der britischen Geheimdienste zum Ende des Ersten Weltkrieges erschienen die ersten Spionageromane. Auch die Spionagefiktion zehrte vom Nimbus des Geheimen. In der Halbwelt der Spione waren Verrat, Sex, Geld, Abenteuer und Gewalt an der Tagesordnung. Ein Geheimagent – natürlich ein britischer – steht wie kein zweiter für den Spion, wie sich die Masse ihn vorstellt: James Bond, 007, DER Geheimagent Ihrer Majestät. Wohl kaum eine andere staatliche Behörde – und nichts anderes sind Geheimdienste! – wird derart von einem fiktionalen Roman- und Filmhelden überlagert. Der Alleskönner-Casanova-Superhirn-Charmeur James Bond wurde stilprägend in Literatur und Film, aber trotz zahlreicher Bezüge zur Realität ist er eben doch nur Fiktion – der wohl größte Mythos der Geheimdienstwelt.

Vieles hat sich in der Welt der Geheimdienste geändert. Wo früher Mauern des Schweigens um einen kultischen Männerbund errichtet wurden, findet man heute Historikerkommissionen, Presserunden oder Imagevideos. Die einst so gefürchtete Institution Geheimdienst wurde in den letzten 50 Jahren von mehreren Demokratisierungswellen überrollt, und das nicht nur in Form von Kontrolle ihrer Unternehmungen oder finanziellen Ausstattung. Auch Transparenz und Öffentlichkeitsarbeit von Geheimdiensten wurde demokratisiert und dem Standard anderer staatlicher Institutionen angenähert. »Geheime Nachrichtendienste« anstelle des alten, anrüchigen »Geheimdienstes«. Der Unterschied, insbesondere in Deutschland, besteht darin, dass der Nachrichtendienst im Vergleich zum »klassischen« Geheimdienst keine »Exekutivaufgaben«, also Verhaftungen, Sabotage oder Tötungen durchführt. Stattdessen soll er sich auf die Beschaffung, Auswertung und Bereitstellung von Informationen konzentrieren. So ist in den letzten Jahrzehnten eine deutliche Öffnung von Geheimdiensten zu spüren. Zumindest in Demokratien müssen Nachrichtendienste ihren Regierungen und der Bevölkerung Rechenschaft darüber ablegen, was sie tun und warum sie es tun. Damit geht auch ein besseres Verständnis für die Welt der Geheimdienste einher. Die historische Entmystifizierung ist dabei auch ein Stück nachträglicher demokratischer Kontrolle von Geheimdiensten.

Die Zeit ist also reif, den Schleier zu lüften und das große Tabu zu brechen. Die Welt von James Bond wird entmystifiziert. Dabei soll jedoch weder Skurriles noch Unterhaltsames zu kurz kommen. Natürlich sind einem solchen

Unterfangen auch Grenzen gesetzt. Nicht alles, was Sie schon immer über Geheimdienste wissen wollten, passt auf 256 Seiten für 9,90 Euro. Aus den 77 hätten auch leicht 777 Mythen werden können. Anstatt zu James Bond hätte noch viel mehr zu John le Carrés George Smiley vorkommen können, oder zum niederländischen Geheimdienst – bei genauerer Betrachtung ein hochinteressanter Fall! Doch nicht alles ließ sich unterbringen. So konzentriert sich die Sammlung auf den deutschsprachigen Raum und einige prägnante Beispiele aus der Weltgeschichte der Geheimdienste. Es wurden Mythen ausgewählt, für die ein gewisses Vorwissen nicht abträglich ist, aber auch solche, die sich an das breite Publikum richten – für einen Forscher in Deutschland ein gefährlicher Balanceakt.

Vorangestellt wurde ein Interview mit dem ehemaligen Präsidenten des deutschen Auslandsnachrichtendienstes BND Gerhard Schindler (2011-2016). In zweifacher Hinsicht verdeutlicht dieses Gespräch das Anliegen des Buchs: Es zeigt, dass Gespräche mit Geheimdienstlern – auch aus den obersten Etagen – nicht mehr ausschließlich bei verschwörerischen Kaminzimmertreffen möglich sind. Und es zeigt, dass Geheimdienst-Mythen ein Thema sind, das die Geheimdienste selbst beschäftigt.

Viel Vergnügen!

»Geheimdienste müssen von ihren Mythen befreit werden.«

Ein Gespräch mit Ex-BND-Präsident Gerhard Schindler

Gerhard Schindler, Jahrgang 1952, war als leitender Beamter im Bundesgrenzschutz, Bundesamt für Verfassungsschutz und Bundesministerium des Inneren mit dem Fachgebiet öffentliche Sicherheit und Terrorismusbekämpfung betraut. Von 2011 bis 2016 war er Präsident des Bundesnachrichtendienstes (BND).

Autor: Welches ist der größte Mythos über den BND?

Gerhard Schindler: Dass er sich als Geheimdienst verselbstständigt hätte und ohne politische Führung oder rechtliche Beschränkungen agiert. Der BND und andere Nachrichtendienste schleppen diesen Mythos vom Staat im Staate leider noch immer mit sich herum. Das mag früher einmal so gewesen sein, heute ist das Unsinn. Ich würde heute sogar so weit gehen zu sagen, dass der BND eine der am strengsten kontrollierten Behörden in Deutschland ist.

Autor: Pullach oder die neue BND-Zentrale in Berlin. Ist es gut, einen Mythos um seine Geheimdienstzentrale zu haben?

Gerhard Schindler: Der BND gehört in die Hauptstadt Berlin, wo die politischen Entscheidungsträger sind. Dort kann man ihn im wahrsten Sinne des Wortes anfassen, da der Bürgersteig direkt an der Außenwand entlangführt. Mit dem Mythos der alten BND-Zentrale in Pullach konnte weder ich noch das Gros der Mitarbeiter etwas anfangen. Das bringt nichts für die konkrete Arbeit. Dort zählen nur Erfolge.

Autor: Mythos St. Georgs-Medaille, mit der BND-Mitarbeiter ausgezeichnet werden. Diese Auszeichnung aus der Gehlen-Zeit haben sie reaktiviert. Warum?

Gerhard Schindler: Um einen Korpsgeist, einen Teamgeist zu festigen. So etwas zu entwickeln ist sehr schwer. Deshalb habe ich zum Beispiel auch das alte Logo wieder eingeführt, um Tradition herzustellen. Bei all der Abschottung im Nachrichtendienst braucht man auch ein Wir-Gefühl.

Autor: Manche Bundeskanzler lasen lieber die Zeitung und wollten ihren BND-Chef gar nicht sehen. Wie gut ist die Berichterstattung des BND an die Regierung?

Gerhard Schindler: Das kann man am Feedback messen. Der BND bekommt im Monat rund 900 Berichtsanfragen aus allen Bereichen der Sicherheitsbehörden, Ministerien und des Bundeskanzleramtes. Das zeigt mir, dass unsere Berichte gefragt waren. Der BND ist ein echter Dienstleister für die Politik geworden.

Autor: Was halten Sie von der Gegenspionage, also dem Kampf der Geheimdienste gegeneinander? Ist das die Königsdisziplin des Metiers?

Gerhard Schindler: Da sehe ich keine zentrale Aufgabe. Das muss man entweder richtig machen mit enormem Aufwand oder es sein lassen. Die Herausforderungen in den Bereichen Terrorismus, Proliferation von Massenvernichtungswaffen, militärische Konflikte und sonstige Krisen sind so hoch, dass sie prioritär bearbeitet werden müssen. Aber da habe ich wahrscheinlich eine andere Meinung als viele im Kanzleramt oder im BND.

Autor: Wie schädlich sind gegnerische Spione oder Doppelagenten im eigenen Haus? In ihrer Amtszeit gab es da ja auch den Fall des BND-Mitarbeiters Markus R., der Informationen an die CIA verkaufte.

Gerhard Schindler: Ein Spion im Haus ist immer schlecht, aber es kommt auch darauf an, wo er platziert ist. Ganz sensibel ist es dort, wo menschliche Quellen geführt werden, das wäre ein GAU. Der Fall Markus R. war natürlich unschön, aber der Schaden war gering. Fast alles, was er der CIA verkauft hat, hätte ich einem befreundeten Dienst auch auf offiziellem Weg gegeben. Insofern hat sich der Aufwand für die CIA nicht gelohnt.

Autor: Was ist dran am Mythos von Berlin als Hauptstadt der Spione?

Gerhard Schindler: Schwer zu beurteilen, darüber habe ich – leider oder Gott sei Dank – keine Statistiken geführt. Aber natürlich ist Deutschland für gegnerische Spione hochinteressant, und in Berlin konzentrieren sich die Zielobjekte, darunter auch der BND. Das zieht Spione an. In Pullach waren die BND-Mitarbeiter aber auch nicht sicherer. Auch dort wurden die Mitarbeiter an Ein- und Ausgang von anderen Diensten fotografiert.

Autor: Mythos Mord, Entführung, Kommandoaktionen – sind Geheimdienste hier wirklich gut?

Gerhard Schindler: Das ist keine Aufgabe des BND. Seine Befugnisse sind im Gesetz geregelt, und das besagt, dass der BND ausschließlich aufklärt und keine Kommandoaktionen durchführen darf. Andere Dienste machen das natürlich, mit unterschiedlicher Qualität.

Autor: Mythos »Lizenz zum Töten« – wie oft greifen BND-Mitarbeiter wirklich zur Waffe?

Gerhard Schindler: Ganz selten. Mit dem Griff zur Waffe ist man enttarnt. Da war ich immer besonders stolz auf BND-Mitarbeiter, die in gefährliche Situationen geraten sind, nicht zur Waffe gegriffen haben – und trotzdem gut herauskamen. Die Mitarbeiter werden darauf trainiert, dass ein Waffeneinsatz wirklich nur das allerletzte Mittel sein darf. Damit sie überhaupt in solche Situationen geraten und Waffen führen, müssen sie schon in Krisengebieten operieren. Ansonsten ist der BND-Mitarbeiter ohnehin nicht bewaffnet.

Autor: Was macht einen guten Spion im Außeneinsatz aus?

Gerhard Schindler: Bei angeworbenen menschlichen Quellen ist entscheidend, dass sie gut platziert und gut zu steuern sind. Bei einem BND-Mitarbeiter im Ausland ist wichtig, dass es kluge Leute sind, die eben nicht wie James Bond »verbrannte Erde« hinterlassen. Sie müssen zurückhaltend und flexibel agieren, Situationen gut und schnell richtig einordnen, aber auch Mut haben, ein kalkulierbares – kein dummes! – Risiko einzugehen. Und natürlich, dass man ihnen das alles nicht zutraut. Man darf einem

Agenten nicht ansehen, dass er ein Schlitzohr ist. Solche klugen und unscheinbaren Leute braucht man.

Autor: Welche Rolle spielen Nachrichtendienste in militärischen Konflikten?

Gerhard Schindler: Dienste wie der BND können positiv am Konfliktmanagement mitwirken. Zum Beispiel durch ihre Kontakte. Der BND hatte mit Gerhard Conrad als Vermittler zwischen Israel und der Hamas bzw. Hisbollah einen überaus erfolgreichen Konfliktmoderator. Dienste können in Konflikten also stabilisieren. Hierzu tragen auch realistische Lagebilder bei. Unrealistische Einschätzungen oder Maßnahmen können hingegen gefährlich werden.

Autor: Wie viel Geheimhaltung braucht ein moderner Nachrichtendienst?

Gerhard Schindler: Es gibt notwendige Geheimhaltung im Kerngeschäft, bei den Operationen, den Mitarbeitern oder der Methodik. Dort muss sie streng und kompromisslos eingehalten werden. Aber alles andere ist kaum geheimhaltungswürdig. Niemand braucht Geheimhaltung, nur um den Mythos eines Geheimdienstes am Leben zu halten. Das gilt auch für die Historie. Der BND musste Ballast abwerfen. Wenn ich z. B. Legendierungen von BND-Außenstellen auf Wikipedia nachlesen kann, dann kann man auch das Schild »Bundesnachrichtendienst« am Eingang anbringen. Ich habe z. B. auch die Systematik abgeschafft, dass jeder einzelne BND-Mitarbeiter einen Arbeits-Decknamen hat. Diese Praxis beruhte mehr auf Gewohnheit als auf Erforderlichkeit. Jetzt kann man sich auf das wirklich Schützenswerte konzentrieren.

Autor: Kann man in modernen Nachrichtendiensten über-haupt noch Geheimhaltung gewährleisten?

Gerhard Schindler: Das wird immer schwieriger. Durch moderne Technik werden immer mehr geheime Informa-tionen und Dokumente produziert, mit einem riesigen Um-lauf. Der BND hat allerdings eine ausgeprägte Kultur, auf Geheimnisse zu achten. Die Flut an Informationen ist das größte Problem.

Autor: Was ist das größte Problem bei der Kontrolle der Nachrichtendienste?

Gerhard Schindler: Dass sie geheim ist, das ist für alle schwierig, den Dienst, die Öffentlichkeit und auch die Kon-trolleure. Es ist für viele schwer nachzuvollziehen, dass eine geheime Kontrolle genauso effizient sein kann wie eine offene. Geheimhaltung ist aber per se nicht undemo-kratisch oder gar schlecht.

Autor: Wie ist das Verhältnis zwischen Nachrichtendienst und Journalisten?

Gerhard Schindler: Die Öffentlichkeit hat zu Recht ein In-formationsbedürfnis. In mancher Hinsicht sind sich Jour-nalismus und Nachrichtendienst sehr ähnlich, es geht um die Ware Information, die aus verschiedenen, auch konspi-rativen Quellen beschafft und ausgewertet wird, bevor ein Bericht daraus entsteht. Ich habe versucht, mit Journalis-ten eine themenorientierte Öffentlichkeitsarbeit aufzubau-en, z. B. durch regelmäßige Runden als Hintergrundgesprä-che. Diese waren vertrauensvoll und zielführend und haben allen, gerade der Öffentlichkeit, genutzt.

Autor: Mythos *Spy Fiction*. Können Sie Spionageromanen und -filmen etwas abgewinnen?

Gerhard Schindler: Filmen weniger, da ärgere ich mich zu sehr über die überzogenen Darstellungen. Der BND könnte hier noch viel von den amerikanischen Diensten lernen, die eigene Einheiten haben, die Filmproduzenten beraten. Ich selbst lese lieber Spionageromane.

John le Carré zum Beispiel finde ich super, weil er einzelne Typen sehr gut beschreibt, und wie verschiedene Mechanismen in einem Dienst ineinandergreifen. Nähe zur Realität zeichnet einen guten Spionageroman aus ... zumindest für jeden, der selbst beim Nachrichtendienst war.

Autor: Der CIA-Chef ließ schon einmal Spionage-Gadgets aus James-Bond-Filmen bei seinen Technikern in Auftrag geben. Sie auch?

Gerhard Schindler: Das hat er wirklich gemacht? Mir war so etwas a) zu kleinteilig, und b) wurde ich als Präsident erst informiert, wenn es richtig Geld kostete. Die »Unterstützenden Dienste«, wie die »Q's« im BND heißen, arbeiten ohnehin im Dauerauftrag.

Autor: Gibt es eine Moral im Geheimdienst?

Gerhard Schindler: Mit dem Begriff Moral kann ich im Nachrichtendienst nicht viel anfangen. Viele Theoretiker sind der Meinung, dass es eine nachrichtendienstliche Ethik gibt. Ich halte das für falsch. Es gibt Grenzen, die durch Gesetze festgelegt werden. Nachrichtendienste wenden in ihrem Kerngeschäft Methoden an, die unethisch sind, sie lügen, betrügen oder spielen mit den Gefühlen von Menschen. Da sollte man sich nichts vormachen.

Autor: Aber Nachrichtendienste brechen ja Recht, das ist sogar Teil ihres Kerngeschäftes?

Gerhard Schindler: Das stimmt, wir brechen ausländisches Recht, das ist ja letztlich unser Auftrag. Aber wir beachten strikt das deutsche und das internationale Recht. Auch nach dem Völkerrecht ist Spionage nicht verboten.

Autor: Warum sollte jeder demokratische Nachrichtendienst entmystifiziert werden?

Gerhard Schindler: Mythen sind ein Ballast und führen zu Misstrauen. Ein Nachrichtendienst in einer Demokratie braucht das Vertrauen von Politik und Bevölkerung als Basis für das eigene Selbstverständnis. Mitarbeiter, die davon ausgehen dürfen, dass Politik und Bevölkerung Vertrauen in die Aufgabenwahrnehmung des Dienstes haben, arbeiten sicherer und besser! Mythen loszuwerden ist heute Daueraufgabe und Teil demokratischen Wandels.

Am Tag meiner Entlassung dachte ich ... O.k., das war es! Ich fühlte mich ein wenig befreit von einer Last.

Wenn Edward Snowden mich morgen anriefe, würde ich ... nicht mit ihm sprechen.

Angela Merkel wünsche ich ... viel Glück. Sie wird es brauchen.

Die USA, NSA und CIA sind ... die wichtigsten Partner überhaupt.

Nach meiner Zeit als BND-Präsident war die Welt ... genauso in Ordnung wie davor.

Vielen Dank für das Gespräch und viel Spaß bei der Entmystifizierung der Geheimdienste!

Der Mensch in der Spionage

Mythos Nr. 01 – Agenten und V-Leute

Spion, Agent, V-Mann, Quelle, Kontaktperson, inoffizieller Mitarbeiter, Kundschafter, Informant – für das Personal von Geheimdiensten gibt es viele Bezeichnungen. Einige kommen gleich mit einer moralischen Bewertung daher: Spitzel, Denunziant, Verräter, Schlapphut oder das durch die Staatssicherheit der DDR kompromittierte »IM« für »Inoffizieller Mitarbeiter«. Viele Bezeichnungen, um die sich viele Mythen ranken.

Die ungenaueste Bezeichnung für Mitarbeiter dieses Metiers lautet »Spion«. Ein Spion ist nämlich jeder, der Spionage und Geheimdienstarbeit betreibt. Welchen Status jemand in der Personalabteilung eines Geheimdienstes hat, spielt dabei keine Rolle. Selbst die Leiter der 19 Nachrichtendienste in Deutschland werden immer wieder als »Chef-Spione« bezeichnet. Korrekt ist das nur insoweit, als dass sie Spionage und Geheimdienstmitarbeiter beaufsichtigen und die Institution Geheimdienst in Politik und Öffentlichkeit vertreten.

Grundsätzlich unterscheidet man bei Mitarbeitern von Geheim- und Nachrichtendiensten zwei Kategorien: Die

Festangestellten und die »inoffiziellen Quellen«. Erstaunlicherweise brachte die straff bürokratisierte Staatssicherheit der DDR eine recht einfach nachvollziehbare Ordnung hervor: verbeamtete hauptamtliche Mitarbeiter mit Offiziersrang und inoffizielle Mitarbeiter, die »IM«. In bester deutscher Tradition unterteilte sie letztere wiederum in über 20 Unterkategorien, teilweise unter Hybrid-Bezeichnungen wie »hauptamtlicher inoffizieller Mitarbeiter – HIM« oder »Offizier im besonderen Einsatz«, der oftmals eigentlich doch ein IM war. Die grundsätzliche Gliederung jedoch war relativ schnörkellos.

Alle modernen Geheimdienste, wie sie sich im 19. Jahrhundert herausbildeten, sind staatliche Behörden und gekennzeichnet durch dieselben Eigenschaften wie jeder staatliche Verwaltungsapparat: Beamtenstatus, Bürokratie, Besoldungsklassen, Rentenansprüche, Dienstausweis und heutzutage auch Elternzeit. Das gilt natürlich nur für die Beamten eines Nachrichtendienstes. Da diese früher fast ausnahmslos aus den Reihen der Armee kamen, hatten sie auch militärische Ränge und waren »Geheimdienstoffiziere«. Hätte »Commander« James Bond in der Marine der Bundeswehr gedient, wäre er Oberstleutnant oder Fregattenkapitän Bond.

Vor allem in Presseartikeln werden solche Mitarbeiter immer wieder als Agenten bezeichnet, was zu großer Verwirrung führt. Schuld daran sind die Amerikaner. FBI und andere Bundeseinrichtungen in den Vereinigten Staaten nannten ihre Ermittler bereits im frühen 20. Jahrhundert *agents*. Zu dieser Zeit wäre das im deutschen Sprachgebrauch noch ein Geheimdienstoffizier gewesen, da im

Deutschen der Begriff Agent vor allem für die zweite Kategorie, die angeworbenen Quellen verwendet wurde. In einigen sozialistischen Geheimdiensten hingegen war »Agent« während des Kalten Krieges eine Form der inoffiziellen Mitarbeit. Wenn also heute in Zeitungsartikeln von »BND- oder Verfassungsschutz-Agenten« die Rede ist, sind zumeist die Beamten der jeweiligen Bundesbehörde gemeint. Klarer wäre es, hier korrekterweise von BND-Beamten oder offiziellen Mitarbeitern zu sprechen.

Für die zweite Kategorie, die angeworbenen Quellen, Informanten und Kontaktpersonen, benutzen bundesdeutsche Nachrichtendienste die Abkürzung V-Mann bzw. heute genderkorrekt V-Person oder »nachrichtendienstliche Verbindungen«. Das »V« steht übrigens für Vertrauen, Ausdruck einer im Gewerbe der professionellen Täuschung fast putzig anmutenden Hoffnung in die Loyalität einer Quelle. Der V-Mann, BND-intern ab den 1960ern definiert als »aufklärend tätige Person, zu der ein […] persönliches Vertrauensverhältnis besteht«, ist also das, was der Vorstellung von einem Spion am nächsten kommt: eine Person in nicht nachrichtendienstlicher Funktion, die für bestimmte Zwecke von einem Dienst angeworben wird.

Mythos Nr. 02 –
Alle Agenten sind Einflussagenten

Einer der größten Mythen über »Geheim-Agenten« ist, dass angeworbene Quellen, Informanten und V-Leute immer auch Einflussagenten sind.

Sogenannte Einflussagenten (*agents of influence* oder russisch *agent vlijanija*) fielen in den östlichen Geheimdiensten des Kalten Krieges unter die Kategorie rekrutierter, inoffizieller Mitarbeiter, die im Auftrag des Geheimdienstes politisch, gesellschaftlich, militärisch, wissenschaftlich oder auch publizistisch Einfluss nehmen sollten. Journalisten, Politiker oder Wissenschaftler waren für solche Zwecke eine besonders beliebte Zielgruppe. Entsprechungen finden sich auch bei allen anderen Geheimdiensten. Ein besonders anschauliches Beispiel waren die beiden Abgeordneten von CDU und CSU im Deutschen Bundestag Julius Steiner und Leo Wagner. Beide wurden von der DDR-Auslandsspionage als Agenten geführt und bekamen 50.000 D-Mark, damit sie sich beim Misstrauensvotum gegen den damaligen SPD-Bundeskanzler Willy Brandt 1974 der Stimme enthielten. Letztendlich konnte Brandt so an der Macht gehalten werden, es wurde also erfolgreich Einfluss ausgeübt.

Generell herrscht die verbreitete Fehlvorstellung, angeworbene Agenten, V-Leute oder Informanten sollten im Auftrag von Nachrichtendiensten grundsätzlich Einfluss ausüben, indem sie bestimmte Meinungen vertreten, politische, militärische oder sonstige Entscheidungen beeinflussen, falsche Spuren legen und jegliche Art von Sabotage betreiben. Kurzum: Sie seien in ihren Handlungen fremdgesteuert.

Das Bundesverfassungsgericht in Deutschland hielt den Einfluss von V-Leuten des Verfassungsschutzes innerhalb von Organisationen für bedenklich. Resultat des Verbotsverfahrens gegen die rechtsextreme NPD war nicht nur die Ablehnung des Parteiverbotes, weil zu viele Mitglieder des Bundesvorstandes der Partei als V-Leute des deutschen Inlandsnachrichtendienstes angeworben worden waren. Infolge des Verfahrens wurde auch die Richtlinie eingeführt, dass der Verfassungsschutz nicht mehr als 10 Prozent der Mitglieder und keine Führungspersönlichkeiten zu überwachender Organisationen anwerben darf. Hintergrund ist die Befürchtung, nicht mehr unterscheiden zu können, was auf eine Organisation selbst zurückzuführen ist und was auf V-Leute. Das gibt den krudesten Mythen und Verschwörungstheorien viel Raum.

V-Leute und IM – das zeigt vor allem die kleinteilige und mühevolle Recherche in Geheimdienstakten – arbeiten jedoch vornehmlich auf anderem Gebiet: Sie liefern Informationen! Darin besteht ihr genuines Aufgabenfeld und das Tagesgeschäft von Nachrichtendiensten. Bezeichnungen wie »Quelle« oder »Informant« sind also oftmals viel näher an der Realität. *Human intelligence* – HUMINT – ist eine der vier klassischen nachrichtendienstlichen Methoden, um an Informationen zu kommen. Die Einflussnahme auf Entscheidungsprozesse ist hingegen ein ganz anderes Arbeitsgebiet und in vielen Staaten überhaupt nicht genuiner Auftrag der Nachrichtendienste. Je weiter die exekutive Befugnis eines Nachrichtendienstes reicht, desto eher kann auch Einflussnahme auf Ereignisse in anderen Ländern zu seinen Aufgaben gehören. In der Regel fallen solche Spezialaufgaben aber in den Tätigkeitsbereich abgeschotteter Spezialabteilungen mit eigenen Ressourcen.

Einflussnahme durch angeworbene Agenten ist ohnehin ein viel komplizierteres nachrichtendienstliches Unterfangen, als man vielleicht annehmen würde. Ist es doch schwierig genug, an hochrangige Politiker, Journalisten, Militärs oder Wissenschaftler heranzukommen und sie für die geheime Arbeit zu gewinnen. Sie darüber hinaus zur Einflussnahme zu bewegen birgt ein enormes Risiko, da sie sich mit abweichenden Meinungen exponieren und verdächtig machen könnten. Der berühmte Kanzleramtsspion Günther Guillaume, der es bis zum persönlichen Mitarbeiter von Bundeskanzler Willy Brandt brachte und dem in diesem Buch ein eigenes Kapitel gewidmet ist, bot ein exzellentes Beispiel dafür: Im Zweifelsfall hatten Informationsgewinnung und eine sichere Tarnung Vorrang. Das galt auch für die britischen und amerikanischen Dienste, zum Beispiel im Fall ihres Top-Spions im sowjetischen Geheimdienst: Oleg Gordievsky. Selbst als Gordievsky die panische Angst der Sowjets vor einem plötzlichen Nuklear-Angriff des Westens meldete, übten MI6 und CIA keinen Einfluss aus. Stattdessen gaben sie seine Informationen an Premierministerin Thatcher und Präsident Reagan weiter, die ihrerseits adäquate politische Reaktionen veranlassten. Auch und vor allem Top-Spione erfüllen für Nachrichtendienste in aller Regel nur einen Zweck: Informationsbeschaffung.

Mythos Nr. 03 –
Alle Agenten sind Einzelkämpfer

Nahkämpfer, Stuntman, Waffen- und Sprengstoffexperte mit enzyklopädischem Wissen über alles von Algebra bis Zyanid, Casanova, Dressman und Meister der Konversation – der Geheimdienstmitarbeiter à la James Bond ist ein absoluter Alleskönner. Er tritt nicht nur perfekt getarnt auf, sondern erledigt im Vorbeigehen auch noch Auftragsmorde und Sabotage. So weit der populäre Mythos, die Realität könnte nicht weiter davon entfernt sein.

Einzelkämpfer sind etwas für Spezialeinheiten der Armee, bei deren Personal Geheimdienste im Fall dringenden Bedarfs als Erstes anfragen würden. Und auch dort agieren sie selten allein, sondern im Team. Während des Zweiten Weltkriegs gehörten solche Aufgaben noch zur Tagesordnung einiger Spezialdienste, wie dem britischen SOE (*Special Operations Executive*) oder dem amerikanischen OSS (*Office of Strategic Services*). Hier ging es um strategisches Töten oder Sabotage im Krieg, und es waren Draufgänger und Höllenhunde gefragt. Da die Hauptaufgabe von Nachrichtendiensten in Zeiten relativen Friedens jedoch in Informationsbeschaffung und -auswertung innerhalb der starren Strukturen einer modernen Bürokratie besteht, würde ein James-Bond-Verschnitt an Hierarchien, Bürointrigen und Schreibtischarbeit zugrunde gehen.

Beispiel BND: Auch ohne Zutritt zu den heiligen Hallen des deutschen Auslandsnachrichtendienstes findet man genug öffentlich zugängliche Informationen über dessen Innenleben. Und die besagen vor allem eines: Es handelt sich um eine Behörde!

Beim BND sind nur 750 von insgesamt rund 6500 Mitarbeitern Soldaten. Wenn man bedenkt, wie viele davon in Koordination mit Bundeswehr und Verteidigungsministerium tätig sind, wie viele in den entsprechenden Abteilungen Verwaltungsarbeit übernehmen und wie viele zudem in den Auswertungsstellen arbeiten, dann bleiben nicht mehr als eine Handvoll Personen für den Außendienst übrig. Eine Spezialabteilung für Mord und Sabotage (von der im Übrigen noch nie jemand gehört hat) wäre damit personell nur schlecht auszustatten.

Ein weiteres Beispiel: Nur rund 1250 BND-Mitarbeiter werden dem höheren Dienst zugeordnet. Jeder, der sich mit Stellenbesetzung in staatlichen Organisationen auskennt, weiß: Hochrangige Posten in leitender Funktion gibt es nur im höheren Dienst, für den ein Universitätsabschluss zwingende Voraussetzung ist. Das Gros der Agenten im Außendienst, vor allem jener, denen bedeutsame Aufgaben anvertraut werden, rekrutiert sich ebenfalls aus dieser Gruppe. Sie macht jedoch nur rund ein Viertel des BND-Personals aus. Der Rest und damit die überwiegende Mehrheit arbeitet im mittleren und gehobenen Dienst, der vor allem aus Verwaltungsaufgaben besteht, die die behördliche Maschinerie in Gang halten.

Und das Persönlichkeitsprofil? Ein ehemaliger BND-Mitarbeiter sagte in einem SPIEGEL-Interview: »James Bond käme bei uns nicht einmal durchs Bewerbungsgespräch.« Und warum nicht? Weil heutzutage Teamplayer gefragt sind, die gemeinsam mit Kollegen Probleme bewältigen, anstatt sie im Hau-Ruck-Verfahren zu beseitigen. Wer wie Bond, wo er geht und steht, eine Schneise der Verwüstung hinterlässt, der ist schlichtweg zu auffällig für den Nachrichtendienst. Darüber hinaus existiert in den Diensten – wie in allen Behörden – schon seit Langem Arbeitsteilung. Außerdem ist die Abschottung innerhalb der Dienste nach wie vor stark ausgeprägt. Jeder soll nur das wissen, was er zur Erfüllung seiner Aufgaben braucht. Ein Universalgenie wie Bond würde nicht nur bei den Kollegen anecken, sondern schlichtweg durch das Raster des Jobprofils fallen.

Mythos Nr. 04 – Diplomaten und Spione

Diplomaten und Spione – wo ist da der Unterschied? Seit Jahrhunderten stehen Gesandte, Botschafter und Diplomaten in dem Ruf zu spionieren. Eine ganze Berufsgruppe steht unter Generalverdacht, der Nimbus des Diplomaten verbindet sich mit dem Mythos des Spions.

Schon im Altertum und im Mittelalter, also lange bevor es so etwas wie Diplomatie im modernen Sinne gab, sammelten und überbrachten offizielle Gesandte und Botschafter Informationen. Wer auf Reisen ging, beobachtete, kam mit Menschen ins Gespräch und konnte vielleicht sogar inoffizielle Informationsquellen vor Ort auftun.

1245 zum Beispiel schickte Papst Innozenz IV. den Franziskanermönch Johannes von Plano Carpini auf Gesandtschaft zum Großkhan der Mongolen. Als offizieller Gesandter des Heiligen Stuhls sollte er ein Bündnis verhandeln, nach seiner Rückkehr schrieb er jedoch einen ausführlichen Bericht über das Mongolenreich, die dortige Politik und militärische Taktik. Diplomatie und Spionage vermischten sich.

Als im 20. Jahrhundert erste Geheimdienste in Form moderner staatlicher Bürokratien entstanden, unterschieden sich deren Aufgaben und Methoden immer mehr von denen der Diplomaten. Diplomaten konnten offen agieren, Geheimdienstler hingegen nur verdeckt. Doch wer war Diplomat und wer Spion? Diese Frage wurde immer wichtiger. Denn Diplomaten gewährte man Immunität, also generelle Straffreiheit. Diese rechtliche Grundlage gilt noch heute: Diplomaten können lediglich zur Persona non grata, also zur unerwünschten Person erklärt und aufgefordert werden, ihr Gastland zu verlassen. Ihr Arbeitsplatz, die Botschaft oder das Konsulat, gilt als Staatsgebiet des jeweiligen Botschaftslandes. Das ist natürlich ganz nach dem Geschmack von Geheimdiensten und Spionen!

So passiert Folgendes: Geheimdienste akkreditieren ihre Auslandsmitarbeiter offiziell im Gastland als Diplomaten. Damit sind sie getarnt und genießen Immunität. Botschaften sind oft die semi-offiziellen Hauptstützpunkte von Geheimdiensten im Ausland. Die CIA nennt sie *station*, der BND *Residentur* und die russischen Geheimdienste *rezidentura*. Botschaften sind also Hotspots der Spionage!

Formal unterstehen alle Diplomaten einer Botschaft dem jeweiligen Botschafter (und damit dem Außenministerium). Informell hat der Botschafter über die Residenturen jedoch kaum Hoheitsgewalt (je nachdem wie gut oder schlecht die Beziehungen zwischen Geheimdienst und Außenministerium eines Landes sind). In vielen Ländern, zum Beispiel in den USA oder Russland, gilt es als ausgemacht, dass die Diplomaten den Geheimdienstlern Bericht erstatten, wenn es Interessantes zu melden gibt. In deutschen Botschaften soll es jedoch regelmäßig Widerstände gegen dieses »Abschöpfen« von Informationen durch den eigenen Geheimdienst geben. Dass Diplomaten selbst als Quellen der eigenen Geheimdienste geführt werden, passiert allerdings nur dort, wo die Geheimdienste so mächtig sind, dass sie ihre eigenen Diplomaten überwachen. Oder dort, wo Diplomaten außergewöhnliche Informationen oder Quellen auftun können, an die der Geheimdienst ohne sie nicht herankäme.

In der jüngsten Vergangenheit standen Botschaften und Diplomaten immer häufiger im Fokus von Spionageskandalen: Russische Hacker des Militärgeheimdienstes GRU reisten als Diplomaten nach Den Haag und wurden vor dem Hauptsitz der Organisation zum Verbot chemischer Waffen in flagranti bei einem Cyberangriff ertappt. In Berlin wurde 2017 ein Asyl suchender Funktionär der vietnamesischen Kommunisten am helllichten Tag aus dem Tiergarten entführt. Gesteuert wurde die Operation von der Geheimdienstresidentur in der vietnamesischen Botschaft in Prag. Die Gastländer reagieren darauf in der Regel immer gleich: mit Ausweisungen, je nach Ausmaß des Skandals still und leise oder vor den Augen der Medien. Als Reaktion auf den Giftanschlag auf den ehemaligen russischen Doppelagenten Sergej Skripal 2018 in England fanden zum Beispiel überall auf der Welt Massenausweisungen russischer Diplomaten statt. Auf Ausweisungen folgt übrigens in der Regel ein Gegenschlag mit vertauschten Rollen.

Kein Wunder also, dass Botschaften und Diplomaten nicht nur im Fokus von Aufklärungsdiensten stehen, sondern auch von Spionageabwehrdiensten. Das US-amerikanische FBI plante zum Beispiel, die 1977 gebaute sowjetische (später russische) Botschaft zwecks Überwachung zu untertunneln, was allerdings baulich nicht möglich war und darüber hinaus von einem Doppelagenten verraten wurde.

Fazit: Spione sind oft als Diplomaten getarnt, aber nicht alle Diplomaten sind Spione.

Mythos Nr. 05 – Archäologen und Spionage

Auch der berühmte Archäologe Indiana Jones hatte Kontakte zu Geheimdiensten. OSS, CIA und FBI wollten Informationen, die SS oder das KGB wetteiferten mit ihm um sagenhafte Funde. Ein Spion im eigentlichen Sinne war er jedoch nicht. Trotzdem erinnert die Figur Indiana Jones an die großen Archäologen des 19. und 20. Jahrhunderts, die einen geradezu mythischen Ruf genossen. Die Wiederentdecker antiker Stätten und Schätze, vor allem im Nahen und Mittleren Osten, gruben, vermaßen und kartografierten nicht nur, sie spionierten auch für die Briten, die Deutschen oder die Franzosen.

Der wohl berühmteste unter den Archäologen-Spionen war der Brite Thomas Edward Lawrence, bekannt als »Lawrence von Arabien«. Schon zu Studienzeiten reiste Lawrence nach Palästina und vermaß für britische Nachrichtendienste die Negev-Wüste. Im Ersten Weltkrieg war er der Verbindungsmann des britischen Dienstes in Kairo, von wo aus er nach Damaskus und auf die Arabische Halbinsel ging. Berühmtheit erlangte er, weil er arabische Stämme zum Aufstand gegen die herrschenden, mit den Deutschen verbündeten Osmanen aufstachelte. Obgleich erfolgreich, wurden die Unabhängigkeitsbestrebungen der Stämme, für die Lawrence große Sympathie hegte, nicht belohnt, wofür er sich zeitlebens Vorwürfe machte.

Während seiner Zeit im Geheimdienst hatte Lawrence auch Kontakt zu einer anderen schillernden Figur der Archäologie – und der Spionage: Gertrude Bell. Die unkonventionelle Autodidaktin aus der feinen englischen Gesellschaft war überall im Nahen und Mittleren Osten weit gereist und hatte beste Kontakte zu Botschaftern, Gesandten, Amtsträgern und Gelehrten. Im Ersten Weltkrieg war sie zunächst als angeworbene Spionin für den britischen Militärgeheimdienst in Kairo unterwegs, wo sie Informationen über osmanische Truppen besorgte. Zusammen mit T. E. Lawrence arbeitete sie später in Basra und Bagdad, also im heutigen Irak, an den Plänen für einen arabischen Aufstand gegen die Osmanen. Bis zu ihrem Lebensende blieb Bell im Irak, als Beraterin des Königs und als Archäologin – und trug so viele Informationen über die verschiedenen Stämme zusammen wie niemand sonst.

Doch auch auf deutscher Seite gab es zu Beginn des 20. Jahrhunderts spionierende Archäologen. Max Freiherr von Oppenheim, aus dem Haus der berühmten Banker, reiste seit den späten 1890er-Jahren als Archäologe nach Kairo und Palästina, wo er zahlreiche Entdeckungen machte. Seine Versuche, in den diplomatischen Dienst des Kaiserreichs einzutreten, glückten erst spät, weil er aus antisemitischen Gründen immer wieder abgelehnt wurde. Im Ersten Weltkrieg gründete er die Nachrichtenstelle für den Orient und entwickelte gewissermaßen einen Gegenentwurf zu Lawrence und Bell: Von Istanbul aus versuchte er, arabische Stämme gegen die Briten zu mobilisieren, was jedoch scheiterte.

Aber warum eigentlich Archäologen? Bei genauer Analyse erwiesen sie sich als perfekte Spione: Landes-, Kultur- und

Sprachkunde waren ebenso oberste Pflicht wie lokale Kontakte. Noch heute werden Luftbilder, die eigentlich für archäologische Zwecke gedacht sind, auch für Spionagezwecke genutzt. Oder umgekehrt: Luftbilder, die Spionagesatelliten aus der Zeit des Afghanistankrieges in den 1980er-Jahren machten, zum Beispiel, liefern Archäologen wichtige Erkenntnisse. Die enge Verbindung beider Metiers hat also auch im 21. Jahrhundert weiter Bestand.

Mythos Nr. 06 –
»Schläfer-Agenten« und Doppelgänger

Jeder Mensch ist einzigartig, singulär, ein Individuum. Name, Ausweis, Führerschein – staatliche Verwaltung und private Existenzen basieren darauf. Geburtsurkunde, Steuernummer, Krankenversicherung, Einkommensnachweise – ohne Nachweis der eigenen Existenz existiert man nicht.

In der Welt der Spionage tauchen manche Personen sogar öfter auf, meistens genau zweimal. Die Rede ist hier nicht von Deck- oder Arbeitsnamen, von denen jeder Geheimdienstmitarbeiter in der Regel mehrere hat. Ein Deckname wird punktuell eingesetzt und ist je nach Auftrag mit wechselnden »Legenden«, also Hintergrundgeschichten unterfüttert. Eine ganz andere Sache hingegen sind Doppelgänger-Agenten. Sogenannte Doppelgänger treten als jemand auf, der sie gar nicht sind, der aber dennoch existiert, als Bürger mit Ausweis und Steuernummer. Der Agent wird zu diesem Jemand, und das nicht nur einmal – sondern für immer. Er legt seinen echten Namen und seine Vergangenheit ab und schlüpft in das Leben einer anderen Person. Was kompliziert klingt, ist in Wahrheit noch komplizierter. Denn als Agent eine andere Identität anzunehmen beruht nicht nur auf Schauspielkunst.

Der sowjetische Auslandsgeheimdienst KGB war der Großmeister solcher Doppelgänger-Aktionen und arbeitete außerordentlich erfolgreich mit illegalen Agenten. Illegal, weil sie anders als legale oder offizielle Agenten keinen diplomatischen Schutz genossen. Richard Sorge war einer von ihnen. Er spionierte als R. Sonter für die Sowjetunion in Japan die Achsenmächte aus und warnte Stalin vor dem Angriff Hitlers. Der österreichische Chemiker Arnold Deutsch warb als Student »Stephan« und illegaler Agent in den 1930er-Jahren den wohl berühmtesten KGB-Agenten in England an: Kim Philby.

Im Kalten Krieg wurde es deutlich schwieriger, Agenten mit einem gefälschten Pass im Ausland zu etablieren. Eine eigene Abteilung, die sogenannte Linie N (N wie *nelegalnye*, also Illegale), war ausschließlich dafür zuständig, geeignete Kandidaten zu finden und diese mit den entsprechenden Identitäten auszustatten. Einige methodische Muster setzten sich dabei durch: In der Sowjetunion trainierte Agenten wurden jahrelang auf ein Leben im Westen vorbereitet. Ihre Reise traten sie nie direkt und nie unter der Identität an, unter der sie in ihrem Zielland arbeiten sollten. Stattdessen reisten sie – besonders gerne über die geteilte Stadt Berlin – zunächst in ein drittes Land cin. Dort wurden wiederum Reise- und Aufenthaltsdokumente für eine neue Identität im letztlichen Zielland beantragt.

Ein besonderes Faible hatte das KGB dabei für deutsche Identitäten. Das hatte zwei Gründe: Zum einen bot der große Strom an Vertriebenen, Geflüchteten und Vermissten nach dem Zweiten Weltkrieg einen hervorragenden Deckmantel. Geburtenregister waren unvollständig oder zerstört, Familien zersprengt und auf mehrere Länder verteilt. Zum anderen war ein deutscher Reisepass unverdächtig und hoch angesehen.

In den 1970er-Jahren machte das KGB so zum Beispiel den gebürtigen Lausitzer Albrecht Dittrich zum »falschen Amerikaner« Jack Barsky. Über Wien und Mexico City reiste Dittrich mit einem kanadischen Pass auf den Namen William Dyson nach Chicago. Dort zerstörte er den falschen Pass und zauberte einen US-amerikanischen auf den Namen Jack Barsky hervor. Jack Barsky hatte tatsächlich einmal existiert, war jedoch 1955 im Alter von zehn Jahren gestorben und lag auf einem Friedhof im Bundesstaat Maryland begraben. 19 Jahre lang lebte der falsche Barsky unbehelligt, dann verhaftete ihn das FBI. Nachdem er ausgepackt hatte, was er über das KGB wusste, durfte Dittrich-Barsky in den USA bleiben – mit einem echten US-amerikanischen Pass, der auf seinen falschen Namen Jack Barsky ausgestellt wurde.

Geheimdienstliche »Schläfer«, die im Untergrund schlummern und bei Bedarf für tollkühne Operationen aktiviert werden, waren die Illegalen allerdings nicht. Doch welche Aufgaben übernahmen sie dann? Ein Fall aus dem Jahr 2011 zeigt sehr deutlich, was diese Agenten tun und was sie nicht tun. Das Ehepaar Andreas und Heidrun Anschlag wurde 2011 in Deutschland als illegale russische

Agenten verhaftet. Im Umbruchjahr 1989/90 waren beide über Peru und Österreich nach Deutschland eingereist und hatten ihre Tarnidentität aufgebaut. Studium und unauffällige Berufe gehörten dazu. Ab Ende der 1990er-Jahre agierten beide als logistisches Bindeglied zwischen Quellen des russischen Auslandsgeheimdienstes in den Niederlanden und der Moskauer Zentrale. Treffen, die Übermittlung von Nachrichten und Aufträgen, die Einrichtung von toten Briefkästen – das waren ihre Aufgaben. Die richtigen Namen der beiden Agenten kennt man in Deutschland übrigens bis heute nicht. Die beiden selbst sind nach ihrer Verurteilung inzwischen durch einen Agenten-Austausch wieder zurück in Russland.

Mythos Nr. 07 – Beim Geheimdienst kann man sich nicht bewerben

In den »goldenen Jahren« der Geheimdienste zwischen Erstem Weltkrieg und Mauerfall war ein Geheimdienst ein erlauchter Kreis. Da konnte nicht einfach jeder kommen, der gern im Geheimen arbeiten wollte. Man wurde gefragt, rekrutiert, konspirativ angesprochen – von seinem Professor, bei der Armee, als Journalist oder im diplomatischen Dienst.

Diese Zeiten sind längst vorbei – die Geheimdienste haben sie gezwungenermaßen hinter sich gelassen. Besonders im Westen gab es dafür einen wichtigen Grund: War es früher eine besondere Ehre und Auszeichnung, für die (geheimen) Staatsorgane zu arbeiten, haben moderne Geheimdienste bei der Suche nach Mitarbeitern heute dieselben Probleme wie andere Behörden auch: Fachkräftemangel, Tarifgehalt für IT-Spezialisten, Sicherheitsüberprüfungen, bürokratisierte Bewerbungsverfahren und Behördenmuff. Auch das gehört zum Alltag von Geheimdiensten und macht sie als Arbeitgeber für manche unattraktiv. Bei den Geheimdiensten gibt es also Nachwuchsprobleme.

Gut ein Drittel jeder Geheimdienst-Homepage ist dem Bereich »Karriere« gewidmet, und die Anzahl der Flyer, Infobroschüren und Beratungsangebote ist unüberschaubar. Die großen Geheimdienste der englischsprachigen Welt werben sogar mit eigenen *recruiting-videos*, kurzen Clips, die die Arbeit bei einem Nachrichtendienst darstellen und schmackhaft machen sollen. Der australische Auslandsnachrichtendienst ASIS (*Australian Secret Intelligence Services*) ließ in seinem Video gleich mehrere Konzentrations- und Intelligenztests einbauen, womit einerseits das Interesse der Bewerber geweckt und andererseits eine Vorauswahl getroffen werden soll. Unbescheidener Titel: *The Most Interesting Job Interview* – das interessanteste Bewerbungsgespräch.

Kaum zu glauben, aber Bundesnachrichtendienst und Verfassungsschutz sind heutzutage auf fast jeder größeren Jobmesse vertreten. Mitarbeiter der Personalabteilung verteilen Flyer und ermutigen zur Bewerbung beim Geheimdienst. Angaben zu persönlichen Anforderungen, Beamtenlaufbahn und Weiterbildungsmöglichkeiten werden dabei keineswegs verschlüsselt mitgeteilt. Doch was fordern die Dienste eigentlich von einem Bewerber? Das Profil eines James Bond oder eines Spezialkämpfers geistert sicherlich

durch die Köpfe vieler Bewerber. Durchtrainiert, kampfer-
probt, zielsicher, charmant und Schwarm aller Frauen. Der
durchschnittliche Bundesbeamte – und nichts anderes sind
Geheimdienstler in Demokratien – sieht allerdings anders
aus.

»James Bond käme beim BND nicht durchs Bewerbungsgespräch« – so Ex-BND-Agent Paul F. im SPIEGEL-Interview. Paul, selbst ehemaliger Soldat, zeigte sich von den bürokratischen Strukturen ernüchtert, »Formulare für alles«,
keine Waffen, keine Geldkoffer und in der Analyse-Abteilung
eine relativ normale Lektüre verschiedener Informationen.
Keine Einzelkämpfer, sondern Teamarbeit verschiedener
Fachleute: Sprach- und Landesexperten, Physiker, Ingenieu-
re und Programmierer. Gefragt sind Teamfähigkeit, Under-
statement, ruhige Ausstrahlung, geistige und körperliche
Fitness sowie die Fähigkeit, mit bürokratischen Hierarchien
und Strukturen zurechtzukommen. So steht es in den Aus-
schreibungen von Verfassungsschutz und BND. Die Bewer-
bungsgespräche selbst sind dann natürlich wieder streng
geheim.

Mythos Nr. 08 –
Spione machen keinen Urlaub

Glamouröse Luxusurlaube sind nur etwas für James-Bond-
Kopien. Wenn man sich beim deutschen Nachrichtendienst
bewirbt, muss man schon bei der Sicherheitsüberprüfung
alle vergangenen Urlaubsaufenthalte angeben. Wer in Ländern war, für die spezielle Sicherheitsbestimmungen gelten,

der hat ein Problem. Zukünftige Reisen in diese Länder sind ohnehin nicht mehr möglich.

Trotzdem ist es ein Mythos, dass Geheimdienstler keinen Urlaub machen. Zum einen sind Mitarbeiter der Nachrichtendienste in Deutschland Angestellte im öffentlichen Dienst und unterliegen Überstunden- und Urlaubsregeln. Zum anderen haben Geheimdienste manchmal ein ganz spezielles Verhältnis zu Ferien und Freizeitaktivitäten.

Der BND zum Beispiel lädt befreundete Agenten gerne auf das Münchner Oktoberfest ein. Offiziell verbunden werden solche Besuche mit »Fachgesprächen unter Kollegen«. Und wie bei Behörden üblich, wird auch ein festes Budget einkalkuliert: Für vier Maß Bier oder ein halbes Backhendl und drei Maß Bier pro Kopf reichen 40 bis 50 Euro. Mehr war aus der Bundesregierung nicht herauszuholen. Alle weiteren Angaben zum Kurzurlaub auf der Wiesn wurden vom Kanzleramt als Verschlusssache klassifiziert.

Die US-amerikanische CIA hingegen umgarnte ihre deutschen Kollegen Anfang der 1950er-Jahre in deutlich größerem Stil. Speziell für Führungskräfte der damaligen Organisation Gehlen, die 1956 zum BND wurde, legte die Agency ein vom Steuerzahler finanziertes Programm für Reisen in die USA auf. Jedes Jahr machten bis zu zehn deutsche Geheimdienstler eine dreiwöchige Reise quer durch Amerika. Damit wollte man die Deutschen beeindrucken, von der Größe und Stärke der USA, vom *american way of life*. Von der Ostküste über den Wilden Westen bis nach Los Angeles – kulturelle Diplomatie vom Feinsten.

Auch auf der anderen Seite des Eisernen Vorhangs stand neben dem Spionieren ein besonderes Urlaubs-

programm auf der Agenda. Als die Stasi-Spionage beispielsweise 1974 ihren West-Agenten IM »Walter«, den Bundes-
tagsabgeordneten Gerhard Flämig, treffen wollte, wurde er
plus Begleitung kurzerhand nach Bulgarien eingeladen.
Zwei Wochen lang wurde er entlang der Schwarzmeerküs-
te und durch das Rhodopengebirge herumkutschiert. Allein die Rechnungen für alkoholische Getränke gingen dabei in die Tausende.

Bei Stasi, KGB und Co. gab es nicht nur Sonderurlaub
für aktive Agenten, sondern auch für verdiente Ex-Spione.
Das Urlaubsland Bulgarien war besonders beliebt. Die Stasi
schickte nicht nur ihre ehemaligen Top-Agenten Günter
Guillaume, den Kanzleramtsspion, oder Ursula Lorenzen,
ehemalige Sekretärin im NATO-Hauptquartier, sondern
auch den langjährigen Chef der Auslandsspionage zur Er-
holung nach Bulgarien. Der »Urlauberaustausch« in den
Ferienheimen der Staatssicherheit gehörte zum festen
(und vertraglich geregelten) Bestandteil der Kooperation
zwischen den Genossen.

Ganz »normal« können Geheimdienstler wohl keine Ferien machen. Aber Urlaub machen sie trotzdem.

Geheimdienstmethoden

Mythos Nr. 09 – Agentenaustausch

Was passiert mit Spionen, wenn sie erwischt werden? Erst einmal nichts Gutes. Wenn ein gegnerischer Spitzel im Altertum oder im Mittelalter nicht auf der Stelle hingerichtet wurde, stand ihm zunächst die Folter bevor. Spezielle »Zungenlöser« kamen zum Einsatz, um Informationen aus ihm herauszupressen und ihn möglicherweise »umzudrehen«, also zum Doppelagenten zu machen. An diesen grundlegenden Parametern hat sich lediglich das Ausmaß der Gewalt geändert. Die Todesstrafe für Spione war im Kalten Krieg sowohl in den USA als auch in der Sowjetunion möglich und wurde angewandt. Dass enttarnte Spione als Doppelagenten zur eigenen Informationsgewinnung gewonnen werden, ist nach wie vor gängige Praxis. Was aber passiert mit jenen, die in Haft sitzen?

Ein bewährtes Mittel, das für beide Seiten Vorteile bietet, ist der Agentenaustausch, dessen Ursprung wohl im militärischen Gefangenenaustausch liegt. Ein Austausch von Agenten ist jedoch ungleich komplizierter: Wird ein gegnerischer Agent verhaftet, so ergeht sich die eine Seite

meist in rhetorischen Pflichtübungen der öffentlichen Ent-
rüstung, wohingegen die andere Seite jegliche Kenntnis ab-
streitet. Jeder Staat und so manche nicht staatliche Organisation betreibt Spionage, aber öffentlich dabei ertappt
werden will niemand. Will man einen Austausch organisieren, setzt das voraus, dass man sich zur Spionage bekennt.
Doch schon eine Anfrage in dieser Richtung kann zum diplomatischen Eklat führen. Darum verkehren Staaten zur
Aushandlung eines Agentenaustauschs bevorzugt über
Mittelsmänner miteinander – über Anwälte ohne offizielle
Staatsämter, Geheimdienstler anderer Nationen, kirchliche
Würdenträger oder ehemalige Politiker. Dabei wird sach-
lich verhandelt wie bei anderen Themen auch.

In der Regel hat jede Seite eine »Wunschliste« mit Namen, die die Mittelsmänner weiterleiten und dann Angebo-
te machen. Was dabei von den Beteiligten als »gleichwer-
tig« betrachtet wird, hängt von der Bedeutung ab, die ein
Spion hatte, oder von dem Schaden, den er angerichtet hat.
Eins zu eins werden Spione erstaunlicherweise eher selten
ausgetauscht. Der Austausch des sowjetischen Spions Rudolf Abel, der in New York einen Spionage-Ring leitete, gegen den über der Sowjetunion abgeschossenen CIA-Piloten
Francis Gary Powers 1962 in Berlin war einer dieser selte-
nen Fälle, denn beide waren gleichwertige »Prestigeobjek-
te« (auch wenn die Amerikaner im Zuge dieses Austauschs
zusätzlich die Befreiung der US-Studenten Millard Pryor
und Marvin Makinen mit aushandelten). Beim berühmten
Agentenaustausch auf der Glienicker Brücke 1985 hingegen tauschten die USA und die Sowjetunion beziehungsweise die DDR 23 im Osten verhaftete West-Agenten gegen

vier in den USA verhaftete Ost-Agenten aus, weil die vier Ost-Spione als deutlich »höherwertig« angesehen wurden.

Die Operationen von 1962 und 1985 waren auch in anderer Hinsicht archetypisch: Sie wurden auf beiden Seiten von Anwälten (Wolfgang Vogel und James Donovan) ausgehandelt und fanden an einem besonderen Ort statt: auf der »Brücke der Einheit« zwischen West-Berlin und Potsdam. Bestimmte Orte haben beim Austausch von Agenten eine besondere Bedeutung: Entweder der Ort befindet sich am direkten Grenzübergang zwischen zwei Staaten. Berlin im Kalten Krieg war ein solcher Ort. Mit der Glienicker Brücke, wo drei große Austauschoperationen stattfanden, dem Checkpoint Charlie und dem Bahnhof Friedrichstraße verfügte die Stadt über mehrere Nadelöhre dieser Art.

Oder man wählt einen neutralen Ort. Neutrale Drittstaaten, die formal keinem der Beteiligten durch ein Bündnis verpflichtet sind, bieten sich dafür an. Österreich war nicht nur während des Kalten Krieges ein solcher Ort. 2010 tauschten Russland und die USA beziehungsweise Großbritannien insgesamt 14 Agenten aus. Russland gab vier hochrangige westliche Agenten frei, darunter Sergej Skripal, der 2018 in England vergiftet wurde. Die USA ließen zehn russische Spione gehen, darunter die Agentin »90-60-90«, Anna Chapman, die vor allem durch Affären, pornografische Fotos und die Liebesfalle für einen Mitarbeiter der Obama-Regierung auf sich aufmerksam machte. Der Wiener Flughafen als Kulisse bot zwar keine Abgeschiedenheit, löste aber alle logistischen Probleme.

Warum machen sich Geheimdienste heute noch die nicht unerhebliche Mühe, solche Operationen zu organisieren? Einerseits ist ein geglückter Agentenaustausch immer ein diplomatischer Prestigeerfolg. Doch der entscheidende Grund dürfte wohl sein, dass Geheimdienste ein symbolisches Zeichen setzen wollen. Sie demonstrieren, dass sie der Fürsorgepflicht gegenüber ihren Agenten nachkommen und gewillt sind, sie auch aus der schwierigsten aller Lagen herauszuholen. Das soll psychologische Wirkung zeigen, auf vorhandene Agenten wie auch auf künftige. Denn ein Geheimdienst, der sich nicht um die Freilassung seiner Agenten bemüht, wäre ein unattraktiver Arbeitgeber.

Mythos Nr. 10 – Die Jagd nach Maulwürfen

Nichts ist für Geheimdienste schlimmer als ein Verräter in den eigenen Reihen, denn ein Maulwurf kann die Arbeit von Jahrzehnten ruinieren. Maulwürfe aufzustöbern ist Angelegenheit der Gegenspionage (*counterintelligence*, russisch: *kontrrazvedka*). Im Kalten Krieg galt Gegenspionage als Königsdisziplin. John le Carré, der Großmeister des Spionageromans, setzte ihr 1974 mit *Dame, König, As, Spion* (*Tinker Tailor Soldier Spy*) ein Denkmal. Heute, in Zeiten allgegenwärtiger Terrorabwehr, gleicht sie einem Relikt aus vergangenen Tagen. Es ist ein Mythos, dass Geheimdienste gern nach Maulwürfen suchen, denn so eine Maulwurfsjagd ist nicht nur im Spionageroman eine hässliche Angelegenheit. Die Überprüfung der eigenen Mitarbeiter mit Taktiken, die sonst nur auf den Gegner angewandt werden, schafft ein Klima des Misstrauens.

Die amerikanische CIA bot ein Paradebeispiel: Der legendäre Chef der CIA-internen Spionageabwehr James
Jesus Angleton verrannte sich zwischen 1961 und 1974 in
einer paranoiden Jagd auf einen angeblichen KGB-Maul-
wurf. Getrieben war Angleton von der Angst, eine ähnliche
Schmach zu erleben wie der britische MI6, wo man in den
1950er-Jahren feststellen musste, dass der KGB bereits vor
dem Zweiten Weltkrieg Doppelagenten eingeschleust hatte
(die »Cambridge five«). Als der sowjetische Überläufer Ana-
toli Golizyn 1961 von einem ganzen Netz an KGB-Maulwür-
fen im Westen erzählte, drehte Angleton durch. Er wühlte
sich durch das Privatleben unbescholtener CIA-Mitarbeiter,
zwang viele davon zum Rücktritt und lehnte reihenweise
Quellen ab, weil er sie für Doppelagenten hielt. Als er nach
13 Jahren erfolgloser Suche in den Ruhestand geschickt
wurde, saß der Schrecken bei allen tief. Sein Nachfolger
sprach nie über die Informationen, die er in Angletons Büro
gefunden hatte. Andere verdächtigten Angleton, selbst der
große Maulwurf gewesen zu sein.

Ein Jahrzehnt später wurde die CIA-Spionageabwehr
ein weiteres Mal hellhörig: Verdächtig viele ihrer Quellen in
der Sowjetunion wurden verhaftet, manche sogar zum
Tode verurteilt. Wieder machte das Gerücht von einem
Maulwurf die Runde. Wieder wurde geschnüffelt – und
nichts gefunden. Dabei übersahen die Maulwurfjäger das
Offensichtliche: Der Mitarbeiter der Osteuropa-Abteilung
Aldrich Ames, seit 1962 bei der CIA, trug einen Reichtum
zur Schau, der nicht aus seinem Gehalt herrühren konnte.
Doch niemand verdächtigte ihn. Als die Berliner Mauer fiel,
boten CIA-Offiziere Höchstpreise für Hinweise. So auch

dem Chef der DDR-Spionage Markus Wolf, dem zwei CIA-Mitarbeiter eine Million Dollar und eine Gesichtsoperation in Aussicht stellten, wenn er den Maulwurf identifizierte. Insider waren sich sicher, hätte jemand den Maulwurf enttarnt, wäre der Name Aldrich Ames niemals an die Öffentlichkeit gelangt. Doch Wolf lehnte ab. Erst 1994, nach über 10 Jahren als KGB-Doppelagent, wurde Ames verhaftet. Da hatte er bereits über vier Millionen Dollar kassiert, zahlreiche CIA-Operationen ins Leere laufen lassen und mindestens zehn CIA-Quellen in Russland verraten.

Auch der deutsche Auslandsnachrichtendienst BND hatte diverse Maulwürfe in den eigenen Reihen. 1961 wurde öffentlich, was jahrelang niemand wissen wollte: Ein ehemaliger SS-Mann hatte sich vom KGB anwerben lassen und zahlreiche Agenten und Operationen verraten. Besonders pikant: Er saß im Referat Gegenspionage Sowjetunion. Sein Name: Heinz Felfe. Danach herrschte zwar jahrelang Ruhe, doch das lag in erster Linie daran, dass die Maulwürfe einfach zu gut getarnt waren. Erst nach dem Untergang der DDR kam heraus: Die Stasi-Spionage hatte nicht nur Gabriele Gast im Sowjetunion-Referat, sondern auch die Brüder Alfred und Ludwig Spuhler angeworben. Letztere lieferten der DDR die Erkenntnisse des BND zum Militär des Ostblocks. Allesamt waren Spitzenquellen, die erst aufflogen, als die Tage der Stasi gezählt waren.

Dass Maulwürfe nicht immer nur auf Ost-West-Spionage spezialisiert sind, zeigt ein BND-Fall aus dem Jahr 2014. Just zu Hochzeiten der Snowden-NSA-Affäre flog im BND der Maulwurf Markus R. auf. Der gerade einmal dreißigjährige Beamte geriet ins Visier der Spionageabwehr, als der

Verfassungsschutz E-Mails an das russische Generalkonsulat in München abfing. Darin wurden anonym BND-Dokumente gegen Geld angeboten. Die Suche begann. Doch der Maulwurf schaltete seine E-Mail-Verbindung ab, und die Kollegen aus den USA reagierten nicht auf Anfragen, was ungewöhnlich war bei der Suche nach russischen Doppelagenten. In mühsamer Puzzlearbeit musste die Abteilung Eigensicherung des BND rekonstruieren, wer zu welcher Zeit Zugang zu den Dokumenten hatte, wer welche Fehlzeiten am Arbeitsplatz aufwies und in wessen Umfeld finanzielle Veränderungen stattgefunden hatten. Übrig blieb der Hauptverdächtige Markus R., der daraufhin gestand. Doch was er gestand, war noch unangenehmer: Seit 2012 war er ein Maulwurf – allerdings für die CIA, die unter anderem Listen mit Deck- und Klarnamen gekauft hatte.

Maulwürfe richten enormen Schaden an und sitzen gern im Herzen der Gegenspionage. Von dort aus haben sie alle Seiten gut im Blick. Sie wissen, wen sie wie ansprechen müssen, um möglichst viel für sich herauszuholen. Dauerhaft unerkannt bleiben sie in den seltensten Fällen, doch die Suche nach ihnen ist äußerst unangenehm.

Mythos Nr. 11 –
Geschreddert: Aktenvernichtung

Geheimdienstakten, Dossiers, Agenten-Berichte – alles findet seinen Weg in den Aktenschredder! So könnte man jedenfalls meinen, wenn man als aufmerksamer Zeitungsleser die Berichterstattung verfolgt. Niemand darf wissen, was worüber an welcher Stelle vermerkt wurde, deshalb wird jede Geheimdienstakte zerstört. *For your eyes only* – dieses Buch zerstört sich in wenigen Sekunden selbst. Vom Inhalt geheimdienstlicher Akten bleibt nicht mehr als ein Gerücht, das zufällig seinen Weg in die Presse findet.

Beim alten BND in Pullach sollen der Aktenschrank mit V-Mann-Akten direkt vor einem gigantischen Schredder in einem Aufzugschacht gestanden haben. Bei einer Stürmung der Zentrale hätten die Mitarbeiter den Schrank nur ankippen müssen.

Legendär und schon fast ein eigener Mythos sind die Aktenvernichtungsorgien des Ministeriums für Staatssicherheit der DDR. Noch bevor die Berliner Mauer im November 1989 fiel, fingen die ersten Abteilungen mit dem Schreddern an. Als klar war, dass das Ende der deutschen Teilung wirklich gekommen war, gab es kein Halten mehr. Das Wichtigste zuerst: die Agentenakten laufender Operationen. Dann natürlich Hinweise auf alles, was die Stasi mit ihren zahlreichen Verbrechen in Verbindung brachte. Doch was machen mit einem Archiv, das über 100 Kilometer laufende Akten umfasste? Als Demonstranten die Stasi-Zentrale am 15. Januar 1990 eigenmächtig besetzten, war die Frage schnell gelöst: Die Akten wurden gesichert, und seitdem werden sie aufgearbeitet.

Nur ein kleines gallisches Dorf hat es geschafft, sich dem zu entziehen: die DDR-Auslandsspionage. Sie überzeugte sogar die Bürgerrechtler, dass ihre Quellen im Ausland geschützt werden müssten, und erhielt die Erlaubnis, »sich selbst aufzulösen«. Das bedeutete: sich selbst zu schreddern. In 24-Stunden-Schichten führte eine Handvoll

Mitarbeiter das gesamte Schriftgut aus fast 40 Jahren Spionage dem Wertstoffkreislauf zu. Eine Gruppe zerriss jedes Blatt Papier in vier Teile (»Vorvernichtung«). Die nächste Gruppe steckte die gesammelten Einzelteile dann in genau sechs Schredder. Dazwischen heulten bedröppelte Stasi-Offiziere bei einer Flasche Cognac vor sich hin: »Das ist das Ende.« Was anschließend an Papierfetzen übrig blieb, wurde in den Keller transportiert, und mit Wasser in eine Koller-Maschine gesteckt. Zurück blieb ein Pappmascheebrei einst streng gehüteter Geheimnisse.

Doch auch lange nach dem Ende des Kalten Krieges spielen Aktenschredder bei Geheimdienstskandalen immer wieder eine Rolle. Bei der Aufarbeitung des Skandals um die Rechtsterroristen des »Nationalsozialistischen Untergrund« NSU kam heraus, dass der Referatsleiter mit dem Tarnnamen »Lothar Lingen« die Akten von mehreren V-Leuten, die der Verfassungsschutz im Umfeld der Terroristen führte, schreddern ließ – auch nachdem der Präsident des BfV das verboten hatte. Wen oder was genau »Lingen« schützen wollte, ist bis heute nicht klar.

Was oft und gern vergessen wird: Nicht jedes Mal dient Schreddern zwangsläufig dem Verwischen von Spuren. Ein wesentliches Element der demokratischen Kontrolle von Verfassungsschutz und Co. besteht darin, auch diese Institutionen dem Datenschutz zu unterwerfen. Deshalb müssen personenbezogene Daten nach einem bestimmten Zeitraum ganz offiziell gelöscht oder geschreddert werden. Dasselbe gilt für abgehörte Telefonate von Personen, für die keine Genehmigung dazu vorliegt. Wenn zum Beispiel ein Journalist im Zuge seiner Recherchen mit einem

Rechtsterroristen telefoniert, der vom Verfassungsschutz abgehört wird, dann müssen die Daten des Journalisten wieder gelöscht werden. Oder geschreddert.

Geheimdienste haben also ein durchaus zwiespältiges Verhältnis zu ihren Akten. Einerseits ist das Geschäft mit Informationen davon abhängig, ein Gedächtnis in Form von Archiven und Speichersystem zu haben. Denn Geheimdienste vergessen nicht. Andererseits müssen die »Kronjuwelen« geschützt werden. Quellen und die Kooperation mit den Partnerdiensten sind die sensibelsten Bereiche. Hier lautet die Devise: Lieber einmal zu viel als einmal zu wenig!

Mythos Nr. 12 –
Gefunden: Informationsgewinnung

Ob Staatsdiener, Agent oder Spion – für Spionagefans kommt es auf eines an: Human Intelligence – HUMINT. Zweifellos liefern menschliche Quellen unverzichtbare Informationen, doch dass sie für den Großteil des Informationsaufkommens verantwortlich sind, ist im Fall moderner Geheimdienste ein Mythos.

Grundsätzlich kategorisieren Geheimdienste ihre Quellen in vier Gruppen, deren Bezeichnungen alle auf *Intelligence* enden. Freimütig gibt sogar der BND auf seiner Website darüber Auskunft (wobei jedes Studien-Handbuch zu *Intelligence Studies* ausführlicher ist).

Nicht erst seit den Enthüllungen von Edward Snowden steht abgesehen von HUMINT eine andere Art von Informationsgewinnung im Vordergrund: SIGINT *(Signals Intelli-gence)*. SIGINT umfasst die Bereiche der Funk- und Fern-meldeüberwachung, auch das Abhören durch »Wanzen« und die Überwachung der weltweiten Datenströme. Durch die immer vielfältigeren Bereiche elektronischer Informati-onsgewinnung wurde SIGINT in Unterkategorien geteilt: ELINT steht für *Electronic Intelligence* – die Überwachung elektronischer Signale, COMINT für *Communications Intel-ligence* – das Abhören oder Anzapfen von Signalen, die eine direkte Kommunikation zwischen zwei Parteien transpor-tieren, und CYBERINT für *Cyber Intelligence* – die Informa-tionsgewinnung im Internet, etwa durch Hacking oder Tro-janer. SIGINT basiert auf den sich verändernden Mitteln der menschlichen Kommunikation (Telegraf zu Telefon zu Funk zu Daten).

Der dritte große Bereich nachrichtendienstlicher Quel-len hat mit dem Fliegen zu tun: IMINT steht für *Imagery Intelligence*, also die visuelle Aufklärung. Darunter versteht man jedoch kaum noch die klassische Observation mit Ka-mera, sondern Luftbilder durch Flugzeuge und Satelliten. Bis in die 1960er-Jahre hinein waren Spionageflugzeuge wie die berühmte amerikanische U2 eine seitens des Gegners schwer auszumachende Informationsquelle. Konstruiert für eine Flughöhe in der Stratosphäre (also oberhalb von 15.000 Metern), war die U2 für Abfangjäger nicht zu errei-chen und lieferte Aufnahmen von militärischen Anlagen oder sonstigen Zielen. Mit dem Fortschritt der Raumfahrt übernahmen Satelliten diese Aufgaben. Die CIA legte gleich mehrere Programme für Spionage-Satelliten auf, etwa das CORONA-Programm, das 1958 startete und über

800.000 Bildaufnahmen lieferte, bevor es 1995 unter Präsident Bill Clinton der Öffentlichkeit enthüllt wurde. Bis zum
heutigen Tag übernehmen diese Art von Informationsgewinnung, die vor allem für militärische Konflikte von enormer
Bedeutung ist, Satelliten oder bemannte Aufklärungsflug-
zeuge. Allerdings verfügen nur die größeren Raumfahrtnatio-
nen wie die USA, Russland oder China über eigene Spionage-
satelliten. Der deutsche Auslandsnachrichtendienst BND
bekam 2017 zum ersten Mal rund 400 Millionen Euro für den
Bau von bis zu drei Satelliten genehmigt. Als Unterkategorie
von IMINT hat sich in den letzten Jahrzehnten GEOINT –
Geographic oder auch *Spatial Intelligence* – herausgebildet.
Hier geht es um die Verbindung von Luftbildern mit anderen
geografischen Daten und Informationen, in zunehmendem
Maß auch um den Einfluss von Klimaveränderungen auf politische Ereignisse.

Last, but not least, die – zumindest quantitativ – wichtigste Informationsquelle (und zugleich auch die unspekta-
kulärste): offen verfügbare Informationen oder *Open Source
Intelligence* – OSINT. Was so gar nicht nach Geheimdienst
klingt, ist nichtsdestoweniger unverzichtbarer Bestandteil
nachrichtendienstlicher Arbeit. In der vor-digitalen Zeit gehörte hierzu vor allem die Auswertung von Zeitungen,
Zeitschriften, Büchern, Periodika und sonstigen Drucker-
zeugnissen und natürlich von Film, TV und Rundfunk.
Heute vereint das Internet diese Medien und Informationen, was zwar den Zugang erleichtert und die Kosten
erheblich senkt, die Informationsflut aber ins Unend-
liche treibt. Besondere Risiken birgt die Fülle nicht über-
prüfbarer Informationen oder Fälschungen. Auch sind

militärische Informationen seltener über offene Quelle zu finden als zum Beispiel Informationen zu Personen oder Gruppierungen. Dennoch sollte man die Aussagekraft offener Quellen nicht unterschätzen. Wissenschaftler, zum Teil auch Journalisten (Letztere ebenfalls unterstützt durch menschliche Quellen) arbeiten fast ausschließlich mit diesem Instrumentarium. Dem britischen Investigativ-Kollektiv Bellingcat gelang es auf diese Art, die russischen Offiziere zu identifizieren, die 2018 in Salisbury den ehemaligen Doppelagenten Sergej Skripal vergifteten, was er jedoch überlebte. Die Qualität der Ergebnisse hängt von den Analysefähigkeiten, der Kreativität und den zur Verfügung stehenden Ressourcen ab. Ein fundiertes Bild über einen Aufklärungsbereich ergibt sich nur durch die Kombination aller Methoden.

Mythos Nr. 13 – AMINT: Animal Intelligence

In der Spionage spielt die biologische Umgebung auf unserem Planeten eine größere Rolle als gemeinhin bekannt. Zu Beobachtungszwecken im Tierreich setzen Wissenschaftler auf Spionagetechnik wie Drohnen, Roboter in Gestalt tierischer Artgenossen, Überwachungskameras, Nachtsichtgeräte und getarnte Video- oder Tonaufnahmegräte. Bislang konnte noch kein Fall aufgedeckt werden, in dem Tiere untereinander so etwas wie Spionage betrieben hätten, in der Spionage der Spezies Mensch spielen sie hingegen schon seit Langem eine Rolle. Durch technologische Entwicklungen vorangetrieben, könnte dieser Bereich zu

einer neuen Kategorie geheimdienstlicher Informationsgewinnung werden: *Animal Intelligence* – AMINT.

Bereits in der Antike wurden besondere Fähigkeiten einiger Tiere für militärische Aufklärung nutzbar gemacht.
Der Legende nach soll zum Beispiel ein gallischer Angriff
auf Rom am 18. Juli 387 vor Christus nur deshalb erkannt
worden sein, weil die schlafenden Wachen zuvor auf dem
Kapitolhügel einen Schwarm Gänse postiert hatten: das
schnatternde Frühwarnsystem des Römischen Imperiums.

Nachrichten an die Beine von Vögeln zu heften und sie
dann von A nach B zu schicken, also das Brieftauben-Prin-
zip, wurde ebenfalls bereits in der Antike praktiziert. Brief-
tauben zu Spionagezwecken einzusetzen erlebte im Ersten
Weltkrieg einen Höhepunkt. Deutsche und Franzosen setzten gleichermaßen auf Spionagetauben. In beiden Ländern
gibt es sogar Denkmäler für die gefiederten Kriegsvetera-
nen, die zur Kommunikation mit Agenten und Aufklärern
hinter den feindlichen Linien genutzt wurden. Diese schrie-
ben ihre Botschaften auf, hefteten sie der Taube ans Bein
und schickten sie wieder zurück. Manchmal bekamen die
Tauben sogar einen selbstauslösenden Fallschirm und wurden aus Flugzeugen abgeworfen. Derselbe gefiederte Spion
diente auch zur Luftbildaufklärung. Dazu band man den
Tauben Kameras mit pneumatischen Selbstauslösern um
und sandte sie zu einem Rundflug über die gegnerischen
Stellungen aus. Die Aufnahmen solcher Spionageflüge sind
allerdings für immer verschollen. 2017 jedoch erschien ein
Bildband mit zivilen Tauben-Fotos aus dem Nachlass des
geistigen Vaters der Spionage-Taube, dem Landarzt Julius
Neubronner aus dem Taunus.

Waren es bei den Tauben die Flugkünste und der Orien-
tierungssinn, so kommen beim besten Freund des Menschen
andere Eigenschaften zum Einsatz: Spürsinn und Gehorsam.
Kaum ein anderes Tier lässt sich so vielseitig abrichten wie
der Hund. Der sprichwörtliche »hündische Gehorsam«
ging so weit, dass die sowjetische Rote Armee im Zweiten
Weltkrieg Hunde als Panzerabwehrwaffe und »Hundemine«
einsetzte. Solchen Kamikaze-Hunden schnallte man eine
Sprengvorrichtung mit Knickzünder um und trainierte sie
mittels Futterstellen, die unter Übungspanzern angebracht
waren, darauf, unter Panzer zu kriechen. Im Kampfeinsatz
zeigten sich allerdings praktische Probleme, die das Unterfangen bald scheitern ließen. Die Hunde krochen mindestens
genauso oft unter sowjetische Panzer wie unter die der
Wehrmacht, da sie die Formen nicht unterscheiden konnten
und die sowjetischen den für sie gewohnten Geruch ver-
strömten. Zudem rannten auch die mutigsten Hunde auf
dem Schlachtfeld zurück in die eigenen Reihen.

Der bei Hunden stark ausgeprägte Spürsinn wird bis
heute auch von Geheimdiensten genutzt. Bomben und
Drogen zu erschnüffeln ist die geläufigste Aufgabe. Die CIA
unterhält hierzu seit 1991 eine spezielle Hundestaffel, genannt »K-9 Corps«, deren »Mitarbeiter« bis zu 19.000 verschiedene Arten von Sprengstoff unterscheiden und erschnüffeln können. Für ihre vierbeinigen Helden pflegt die
CIA sogar eine eigene Ruhmeshalle.

Den zweitbesten Freund des Menschen, die Katze, entdeckte die CIA aufgrund einer ganz anderen Eigenschaft
für ihre Zwecke: Sie ist einfach süß, unauffällig und ein gern
gesehener Gast. Die CIA-Technikabteilung kam daher auf

eine besondere Idee: Sie ließ Katzen operativ Wanzen-Mik-rofone in den Ohrkanal einsetzen und wollte sie damit aus-gestattet auf Botschafter, Staatschefs und andere wichtige Persönlichkeiten ansetzen. *Acoustic Kitty* hieß das Projekt, es kostete 15 Millionen und war ein voller Reinfall. Einer-seits konnte niemand garantieren, dass die Spionage-Miezen zur rechten Zeit am rechten Ort sein würden. An-dererseits wurde die erste Kitty – alles andere als ein Meis-terspion – bei ihrem ersten Einsatz von einem Taxi über-fahren.

Die CIA tat sich bei AMINT besonders hervor und ver-öffentlichte Videos ihrer Technik-Abteilung, in denen zwei weitere tierische Projekte zu sehen waren: ein Spiona-ge-Wels und ein Insektokopter. Beides waren Roboternach-bauten, die mit Kameras ausgerüstet wurden und unter Wasser beziehungsweise aus der Luft Aufklärungsbilder schießen sollten. Dass die CIA diese Projekte selbst enthüll-te, kann allerdings als Anzeichen dafür gewertet werden, dass die beiden tierischen Spione ähnlich erfolgreich waren wie *accustic kitty*. Die Prototypen sollten wohl eher den Eindruck technischer Überlegenheit vermitteln.

Der Mensch, so viel ist sicher, ist in der Spionage keines-wegs allein. Denn auch im digitalen Zeitalter ist es wieder Trend, künstliche Intelligenz in Form von tierischen Robo-tern zu entwickeln.

Mythos Nr. 14 – Geheimdienste unterliegen keinerlei Kontrolle

Der Geheimdienst aus dem undemokratischen Bilderbuch kennt keine Grenzen. Es wird getan, was man für nötig hält. Rechenschaft abgelegt wird nur Präsidenten oder Premierministern. Genau so waren Geheimdienste eigentlich gedacht: streng geheime Institutionen der Regierung, die an allen Kontrollinstanzen vorbei arbeiten sollten. So wurden die britischen Nachrichtendienste MI6 und MI5 gegründet, so arbeiteten Gestapo, Stasi, der BND-Vorläufer Organisation Gehlen und auch die CIA. Eine regierungsinterne Dienstaufsicht war die höchste Kontrollinstanz.

Doch die Zeiten haben sich geändert – aus gutem Grund. Denn wie jede Regierungsinstitution tendierten auch die Dienste dazu, ihre Kompetenzen auszudehnen. Journalisten erfanden dafür das Bild der Geheimdienstkrake. Fast immer waren handfeste Skandale nötig, um die Kontrolle von Geheimdiensten voranzutreiben. Erst nachdem in den USA Inlandsspionage, politische Manipulationen und Attentatsversuche im Ausland seitens der CIA ans Licht kamen, reagierte der US-Senat. Im »Jahr der Geheimdienste« 1975 untersuchten parlamentarische Kommissionen die Arbeit der Agency. Als Resultat wurde 26 Jahre nach Gründung der CIA erstmals ein ständiger Senatsausschuss für die Kontrolle der Geheimdienste eingerichtet.

In der Bundesrepublik Deutschland war die Lage nach dem Zweiten Weltkrieg deutlich komplizierter. Die CIA baute mit der Organisation Gehlen einen Auslandsnachrichtendienst auf, der erst 1956 als Bundesnachrichtendienst in die

Ägide der Bundesregierung überging. Eine gesetzliche Grundlage erhielt der BND, ebenso wie der Militärische Abschirmdienst MAD, erst 1990. Bis dahin war die fehlende Rechtssicherheit einer der Gründe, aus denen immer wieder Grenzen überschritten wurden – denn sie waren nicht abschließend definiert.

Unter dem ersten Präsidenten Gehlen schaffte es der BND, sich an Kontrollmechanismen vorbeizuschummeln (und wurde dabei tatkräftig von Bundeskanzler Adenauer unterstützt). Das sogenannte Vertrauensmännergremium, das für eine Kontrolle sorgen sollte, wurde schon dadurch ausgehebelt, dass der Bundeskanzler selbst den Vorsitz übernahm. Die Kontrolle des BND-Haushalts versuchte der Präsident durch geheime Hinterzimmergespräche mit dem Präsidenten des Bundesrechnungshofs zu umgehen. Jahrelang ging diese Taktik auf und verstärkte das allgemeine Misstrauen gegenüber deutschen Geheimdiensten.

Auch hier musste es erst zu handfesten Skandalen kommen: Bei der *SPIEGEL*-Affäre 1962 und im Guillaume-Untersuchungsausschuss 1975 wurden die Machenschaften des BND im Inland vom Parlament untersucht. Eine Konsequenz war, ein ständiges Parlamentarisches Kontrollgremium (PKGr, vormals Parlamentarische Kontrollkommission) einzurichten. Erst im Zuge der Snowden/NSA-Affäre kam eine Reform: 2016 verabschiedete der Bundestag ein Bündel von Gesetzen, die darauf zielten, die Kontrolle über die Dienste weiter auszubauen und vor allem die technische Fernmeldeaufklärung des BND besser zu kontrollieren.

Damit bestehen heute in Deutschland folgende Kontrollmechanismen für Nachrichtendienste: Die interne Dienst-

aufsicht, die Fachaufsicht der übergeordneten politischen Institutionen (Kanzleramt für den BND, Innenministerium für
das BfV, Innenministerien der Länder für die LfV, Verteidigungsministerium für den MAD), das Parlamentarische Kontrollgremium des Bundestages, die Verfassungsschutz- und
Innenausschüsse der Landtage, der Ständige Bevollmächtig-
te des Parlamentarischen Kontrollgremiums, das Unabhän-
gige Gremium für die Kontrolle der technischen Aufklärung
des BND, die G-10-Kommission des Bundestages und der
Landtage. Außerdem gelten auch für die deutschen Nachrichtendienste das Bundesdatenschutzgesetz, das Informa-
tionsfreiheitsgesetz und natürlich die jeweiligen Gesetze
zum BND, BfV und MAD. Trotzdem wird die Kritik an den
»unkontrollierten Diensten« auch in Zukunft kaum nachlas-
sen. Ein Grund dafür ist, dass nicht nur die Dienste, sondern
auch die Kontrolleure unter besonders strikter Geheimhaltung arbeiten. Für Medien und die Öffentlichkeit ist das un-
befriedigend. Zum anderen hat die Vergangenheit gezeigt,
dass auch dieses Netz nicht immer eine gute und effektive
Kontrolle garantiert. Kritiker monieren, dass gerade die Zer-
splitterung in viele Gremien Fehler begünstige.

Wie so vieles in einer Demokratie, ist auch die Rolle von
Geheimdiensten nicht in Stein gemeißelt. In einem ständigen demokratischen Prozess werden Kompetenzen und
Kontrollmechanismen immer wieder verschoben. Wie gut
das demokratische Kontrollsystem in Zukunft funktioniert,
wird sich zeigen. Es ist jedoch ein Mythos, dass Geheimdienste nicht umfassend kontrolliert würden.

Mythos Nr. 15 – Nur BND und Verfassungsschutz werben Spione an

Wenn in Deutschland von Spionen oder V-Leuten die Rede ist, dann fast ausnahmslos im Kontext des Auslandsnachrichtendienstes BND oder des im Inland tätigen Verfassungsschutzes. Nur selten finden auch V-Leute des Militärischen Abschirmdienstes MAD Erwähnung, doch da dieser dritte Nachrichtendienst deutlich kleiner ist, ist das kein Wunder. Ein Mythos hingegen ist, dass nur diese deutschen Nachrichtendienste menschliche Quellen anwerben.

Konkurrenz bekamen die Nachrichtendienste durch die Bundeswehr. Über Jahrzehnte hatte sich eine solche Frage überhaupt nicht gestellt, da Deutschland an keinem Kampfeinsatz beteiligt war. Nachrichtendienst war Nachrichtendienst, und Armee war Armee. Die militärische Aufklärung war dem BND zugeteilt worden, wobei er mit dem Verteidigungsministerium und der Bundeswehr kooperierte. So jedenfalls bis 1990, als sich das Feindbild noch auf den Osten konzentrierte. Doch als nach dem Taumel der Wiedervereinigung Anfang der 1990er-Jahre die Jugoslawienkriege begannen, mussten die Grenzen neu gezogen werden. Mit der deutlich »robusteren« Beteiligung der Bundeswehr an den SFOR-(Bosnien) und KFOR-Missionen (Kosovo) der NATO änderte sich die Lage erheblich.

Seit Mitte der 1960er-Jahre wurde dem BND eine Schwäche bei der Anwerbung, dem Aufbau und der Führung von V-Leuten nachgesagt. Offenbar sah die Bundeswehr das in den 1990er-Jahren ebenso. Dem BND wurde gute technische Arbeit bescheinigt. Wenn es um Abhören oder

Luftbildüberwachung ging, verstanden die Mitarbeiter ihr Handwerk. Nur bei den Informationsquellen haperte es – und nach Einschätzung zahlreicher Experten machten die durch HUMINT (*Human Intelligence*), also angeworbene Quellen, gewonnenen Informationen in den Kriegsgebieten generell über 70 Prozent aus.

In Bosnien, im Kosovo, ab 2002 auch in Afghanistan ging die Bundeswehr deshalb dazu über, selbst Quellen anzuwerben. Soldaten warben also Spione an, eigentlich kein genuines Arbeitsfeld für die Kameraden. Denn das militärische Nachrichtendienstwesen war in den Jahrzehnten des Kalten Krieges ein ungeliebtes Kind der Bundeswehr gewesen. Technisches Equipment wie Spähfahrzeuge, Aufklärungspanzer oder -flugzeuge (später auch Drohnen) oder die Funk-Abhöreinrichtungen der »Kräfte des elektronischen Kampfes« (EloKa) kam durchaus zum Einsatz. Doch die Auswertung von Informationen sowie der Umgang mit angeworbenen Quellen war Sache des BND.

Als die Bundeswehr begann, sich mit der Ausrüstung für militärische Aufklärung auszustatten und sich auch auf diesem Feld zu betätigen, brach ein bürokratischer Kleinkrieg aus, der 2005 mit einem Kompromiss endete: Die Bundeswehr darf in ihrem Einsatzgebiet auch menschliche Quellen anwerben. Natürlich gibt es dabei ein großes Aber: Denn Bundeswehrangehörige müssen eindeutig als Soldaten zu erkennen sein, sprich Uniform tragen. Auch darf die Bundeswehr kein Geld für Informationen zahlen. Diese beiden Privilegien sind – ebenso wie die Gesamtauswertung militärischer Informationen – weiterhin dem BND vorbehalten. Der für die Bundeswehr tätige Nachrichtendienst

MAD darf übrigens zur Absicherung der Truppen und ihrer Stützpunkte auch im Ausland aktiv werden und dabei auch Spione anwerben. Gegen Geld und ohne dass die Mitarbeiter in Uniform auftreten, so wie jeder Geheimdienst. Im Gegensatz zum BND darf der MAD das jedoch nur auf Bundeswehrstützpunkten im Einsatzgebiet. Das heißt, Spione aus der einheimischen Bevölkerung müssen auf den Stützpunkt kommen, um vom MAD angeworben zu werden – wobei sie sich dort natürlich nicht ohne Bezahlung von den uniformierten Bundeswehrsoldaten anheuern lassen sollten.

Mythos Nr. 16 – Der Lügendetektor

Die Vermessung von Emotionen und Psyche, von Wahrheit und Lüge schlug Anfang des 20. Jahrhunderts große Wellen. Bedingungsloser Fortschrittsglaube und Vertrauen in die Technik wurden zur Regel. Eine Maschine, die Wahrheit von Lüge, Täter von Opfer, Spion von Ausspioniertem unterscheiden konnte, passte perfekt in diese Zeit. Zwischen 1910 und 1938 wurde in Europa und den USA bereits an Prototypen gearbeitet, bevor Leonarde Keeler 1939 ein Gerät entwickelte, dass er schließlich dem FBI als Standardmodell verkaufte.

Die große Stunde des Lügendetektors schlug bei polizeilichen Verhören und Gerichtsverfahren: »Caught by Lie Detector« oder »Lie Detector solves puzzle« titelte zum Beispiel die Los Angeles Times. Blutdruck, Puls, Leitfähigkeit der Haut, Schweiß oder Atmung überführten jeden – so dachte man. Dass Stress oder psychologische Beeinflussung, wie sie bei Verhören üblich sind, die Werte beeinflussen können, hatte niemand auf dem Schirm. In den fortschrittgläubigen USA kam der Lügendetektor bei der Kommunistenjagd während der McCarthy-Ära in den 1950er-Jahren besonders häufig zum Einsatz. Die Wahrheitsmaschine wurde nun nicht mehr nur von der Polizei, sondern auch von den Geheimdiensten eingesetzt.

Die sozialistischen Geheimdienste, allen voran der sowjetische KGB, trainierten ihre Agenten darauf, einen Lügendetektor zu überlisten. Durch geschickt eingestreute kleine Lügen oder falsche Antworten, Kontrolle der Atmung oder Ablenkungsmanöver sollten Ergebnisse unbrauchbar gemacht werden. Der ehemalige Direktor der CIA Richard Helms sagte dazu: »Wir fanden heraus, dass es einige Osteuropäer gab, die den Polygrafen zu jeder Zeit schlagen konnten. Amerikaner sind dabei nicht sehr gut, weil wir erzogen werden, die Wahrheit zu sagen, und wenn wir lügen, ist es einfach zu erkennen, dass wir lügen. Aber wir merkten, dass viele Europäer und Asiaten ohne ein Zucken mit dem Polygrafen umgehen können.« Dabei übersah Helms geflissentlich, dass auch Amerikaner sehr wohl in der Lage waren, den Lügendetektor zu überlisten. Eins der prominentesten Beispiele war Aldrich Ames, der zehn Jahre lang die Geheimnisse der CIA-Gegenspionage an die Sowjetunion verkaufte.

Als die Hexenjagd auf Kommunisten, Homosexuelle und »unamerikanische Umtriebe« nach einigen Jahren abflaute und die Kritik am Einsatz des Lügendetektors seitens der Medien und der Wissenschaft lauter wurde, war das jedoch keineswegs das Ende der »Wahrheitsmaschine«. Denn nun ließen Unternehmen ihre Angestellten massenhaft jährlichen Tests unterziehen: Schätzungen zufolge mussten rund zwei Millionen amerikanische Angestellte zwischen 1960 und 1988 mindestens einmal im Jahr zu einer solchen Überprüfung. Eine eigene Lobby-Organisation wurde gegründet, die *American Polygraf Association*, die sich für den Wert der Lügendetektortests (und damit natürlich für den Profit einer Industriesparte) einsetzte. Erst 1988 wurde in den USA ein Gesetz erlassen, der *Employee Polygraf Protection Act*, das Arbeitnehmer dagegen schützen sollte.

In Deutschland konnte sich der Lügendetektor hingegen nie durchsetzen. Denn der Staat schob ihm früh einen Riegel vor: 1954 verbot der Bundesgerichtshof den Einsatz bei strafrechtlichen Ermittlungen und Prozessen, selbst dann, wenn der Angeklagte zustimmte. Diese Skepsis schlug sich auch auf die geheimdienstliche Ebene nieder, denn obwohl die CIA mehrfach versuchte, den BND vom Nutzen der Lügendetektor-Tests zu überzeugen, stieß sie damit auf wenig Gegenliebe. 1998 bestätigte der Bundesgerichtshof das Verbot des Lügendetektors erneut. Für die Deutschen war die »Wahrheitsmaschine« einfach zu unzuverlässig. In den letzten Jahren wurde der Lügendetektor jedoch vor einigen Familiengerichten bei Unterhalts- oder Sorgerechtsstreitigkeiten zugelassen.

In den USA darf der Lügendetektor zwar nur noch begrenzt in der Privatwirtschaft eingesetzt werden, doch bei Sicherheitsbehörden gehört er – vor allem nach den Anschlägen vom 11. September 2001 – nach wie vor zur

Grundausstattung. Einerseits kommt er bei Verhören von Terrorverdächtigen zum Einsatz, und zum anderen müssen die CIA-Mitarbeiter selbst einmal jährlich zum Polygrafen-Test. Allerdings dürfen keine Entscheidungen mehr einzig und allein aufgrund der Testergebnisse getroffen werden, denn der Lügendetektor-Test ist nur noch Teil eines mehrstufigen Verfahrens. Auch hat sich mittlerweile die Bezeichnung Polygraf, also Vielschreiber durchgesetzt, wodurch einerseits Wissenschaftlichkeit suggeriert und andererseits vom Image der absoluten »Wahrheitsmaschine« abgerückt werden soll.

Organisationen, Persönlichkeiten und Operationen

Mythos Nr. 17 – Der älteste Geheimdienst der Welt

Um den Titel »ältester Geheimdienst der Welt« ranken sich viele Mythen. In der Regel erheben englische Geheimdienste Anspruch darauf. Doch so ganz stimmt das nicht.

Zum einen stellt sich natürlich die Frage, wo und wann diese Zeitrechnung beginnt. Denn schon im alten Ägypten, in Babylonien, in Persien, im antiken Griechenland und im Römischen Imperium gab es Späher, Kundschafter und militärische Aufklärungseinheiten. Mit einer modernen Staatsbürokratie hatte all das allerdings wenig zu tun, ebenso wenig wie die Kundschafter des Vatikans oder der mittelalterlichen Könige. Weitgehender Konsens besteht darin, dass von wirklichen Geheimdiensten im modernen Sinn erst seit der Geburtsstunde des bürokratisch verwalteten Staates im 19. Jahrhundert gesprochen werden kann.

Während in Deutschland Polizei und Armee Untereinheiten für geheime Informationsbeschaffung besaßen, gingen die Briten noch vor dem Ersten Weltkrieg den nächsten Schritt und gliederten ihre Aufklärungseinheiten. 1909 wurde das *Secret Service Bureau* gegründet, aus dem dann die *Military Intelligence Section* 5, der MI5 hervorging. Um 1919 wurde die Auslandsaufklärung aus diesem Verbund ausgegliedert und als *Secret Intelligence Service*, bekannt als MI6, dem Außenministerium unterstellt. Damit sind MI5 und MI6 formal gesehen in Europa die ältesten noch bestehenden Geheimdienste, nicht jedoch weltweit.

Denn weltweit stellt sich ein in Europa nahezu unbekannter Geheimdienst selbstbewusst in den Vordergrund und nennt sich »ältester Geheimdienst der Welt«: Das indische *Intelligence Bureau*, das am Tag vor Weihnachten 1887 ins Leben gerufen wurde – und zwar von den Engländern, die damals noch als Kolonialmacht über den indischen Subkontinent herrschten. An dessen Rändern im Nordosten drang das Russische Imperium nach Afghanistan vor, sodass militärische Informationen gefragt waren, die das IB fortan an die britische Kolonialbürokratie liefern sollte.

Über die Jahre veränderte sich die Lage, und indische Revolutionäre, die gegen die Briten agitierten, rückten in den Fokus. Nach der indischen Unabhängigkeit 1947 blieb das IB weiterhin bestehen und erhielt über Jahrzehnte massive Unterstützung durch Ausbildung und technischen Gerätschaften vom sowjetischen KGB. In den ersten Jahrzehnten arbeitete das IB unverändert im Landesinneren und an den Außengrenzen Indiens. Nach den Kriegen mit China und Pakistan Mitte der 1960er-Jahre jedoch, bei denen dem IB schwere Versäumnisse nachgesagt wurden, bekam es Konkurrenz. Mit dem *Research and Analysis Wing* (RAW) wurde eine neue Organisation für Auslandsarbeit geschaffen. Das IB arbeitet seitdem nur noch als Inlandsgeheimdienst. Doch ist über die Aktivitäten recht wenig bekannt, was vor allem an der Verschwiegenheit des indischen Innenministeriums liegt. Sicherheitsüberprüfungen und nicht näher definierte Aufgaben wie Terror- und Spionageabwehr sollen dazugehören. Es bleiben viele Fragen zum IB offen, zum Beispiel, ob es überhaupt verfassungsgemäß ist, da das IB nach 1947, also seit der Staat Indien offiziell existiert, nie eine gesetzliche und rechtliche Grundlage erhielt. Wie der älteste Geheimdienst der Welt aber seine Arbeit mit geschätzten 25.000 Mitarbeitern und ca. 300 Millionen Dollar Budget in dem Riesenstaat mit seinen 1,3 Milliarden Einwohnern und zahlreichen politischen und ethnischen Spaltungen bewältigt, bleibt ein Geheimnis.

Mythos Nr. 18 – Nur Staaten haben Geheimdienste

Geheimdienste assoziiert man gemeinhin mit CIA, KGB, BND oder NSA, also mit staatlichen Institutionen. Doch es ist ein Mythos, dass nur Staaten geheime Nachrichtendienste unterhalten. Nicht staatliche Geheimdienste können sogar um einiges problematischer werden, denn sie unterliegen keinerlei Kontrolle. Die meisten Menschen wissen nicht einmal, dass sie existieren. Höchste Zeit also, einen Blick hinter die Kulissen zu wagen.

Ein Geheimdienst braucht eine halbwegs feste Organisationsstruktur, arbeitsteilige Vorgehensweise und natürlich

die beiden Hauptaufgabenfelder: Beschaffung und Auswertung von Informationen. Es ist gut nachzuvollziehen, dass
hauptsächlich Staaten solche Funktionen wahrnehmen,
denn Kosten und Arbeitsaufwand sind hoch. Allerdings gibt
es auch andere Akteure, und ihre Anzahl steigt.

Eine der ältesten nicht im klassischen Sinne staatlich
verankerten globalen Organisationen ist die katholische
Kirche. In Anlehnung daran entstanden religiöse Geheim-
bünde wie Opus Dei, Assassinen oder andere »Bruder-
schaften«, die Kriterien eines Nachrichtendienstes erfüllen,
indem sie ein Informanten-Netzwerk unterhalten, Einfluss
nehmen und sogar vor »exekutiven Aktionen« nicht zu-
rückschrecken.

Auch Sekten haben häufig nachrichtendienstliche Abteilungen. Scientology zum Beispiel richtete 1966 eine »Er-
mittlungsabteilung« *(Guardian Office)* ein. Nachdem sie
wegen verschiedener Straftaten (darunter Einbruch in Re-
gierungsbüros) aufgelöst werden musste, wurde sie vom
»Büro für Sonderangelegenheiten« *(Office of Special Affairs)*
abgelöst. Hauptaufgabe des OSA ist die Bekämpfung von
Scientology-Kritikern. Dazu werden Informationen gesam-
melt und mitunter auch Privatdetektive angeheuert. Keineswegs beschränkt sich das OSA nur darauf, sondern setzt
Kritiker durch Anrufe, Drohungen oder Verfolgung aktiv
unter Druck. In mehreren Bundesländern steht das OSA
unter Beobachtung des Verfassungsschutzes und wird als
verfassungsfeindliche Organisation eingestuft.

Eine ganz andere Art nicht staatlichen Geheimdienst
etablierten konservative Politiker und ehemalige BND-Mitarbeiter 1969 in Deutschland. Unter Willy Brandt regierten

zum ersten Mal seit Bestehen der Bundesrepublik die Sozialdemokraten ohne die konservative CDU/CSU. Die »neue Ostpolitik« der SPD erhitzte die Gemüter. Zahlreiche Politiker, Geheimdienstler, Unternehmer, Verbände und andere Interessengemeinschaften sahen nicht nur ihren Einfluss gefährdet, sondern auch ihren Zugang zu Informationen. Im Herbst 1969 vereinbarten der CSU-Bundestagsabgeordnete Karl Theodor Freiherr zu Guttenberg (Großvater des ehemaligen deutschen Verteidigungsministers gleichen Namens), der ehemalige Bundeskanzler Kurt Georg Kiesinger, Adenauers ehemaliger Kanzleramtschef Hans Globke und der CSU-Vorsitzende Franz Josef Strauß die Einrichtung eines von allen Regierungsstellen unabhängigen und unkontrollierten Informationsdienstes der Opposition. Finanziert wurde er mit Spenden gut betuchter Unterstützer, für das operative Geschäft waren ehemalige BND-Mitarbeiter zuständig, allen voran Wolfgang Langkau, Vertrauter und Kontaktmann des 1968 pensionierten BND-Gründers Reinhard Gehlen. Oberste Priorität hatte die Außenpolitik. Dabei floss auch Geld im Tausch für Informationen. Methodisch bediente sich der Dienst der Informationsabschöpfung bei Gesprächen, des Ankaufs von Informationen sowie offener Quellen. Technische Mittel wie Abhören oder operative Fotografie sowie Einflussaktionen oder gar Gewalt wurden nicht eingesetzt. Die gesammelten Informationen wurden analysiert und dem Verteilerkreis, bestehend aus wenigen Dutzend Empfängern, zugesandt. Erst unter der Kohl-Regierung wurde diese gewissermaßen private Organisation Mitte der 1980er-Jahre aufgelöst.

Und heute? Nicht staatliche Nachrichtendienste existieren zuhauf – als private Sicherheitsfirmen oder sogenannte
Business Intelligence. Die Grenzen zwischen Unternehmens-
beratung, Sicherheitskonzepten, Geheimnisschutz und Spio-
nageaktivitäten verlaufen fließend. *Business Intelligence*-
Firmen beschaffen – auch unter Einsatz nachrichtendienstlicher Mittel wie Abhören, Observation, Fotografie, Cyber-
spionage oder bezahlter »Agenten« – Informationen über
Konkurrenten. Die VW-Gruppe geriet zum Beispiel unter
Druck, weil sie leitende Mitarbeiter eines unliebsamen Zu-
lieferbetriebs überwachen ließ. Manche Sicherheitsfirmen
wiederum bieten genau das Gegenteil an: die Abwehr von
Spionage der Konkurrenz.

Besonders heikel wird das Geschäft mit Informationen
durch die häufigen Querverbindungen solcher Unternehmen zu ehemaligen Nachrichtendienstmitarbeitern. Nach
dem Untergang des Kommunismus in Osteuropa waren private Sicherheitsfirmen Auffangbecken für die aus den auf-
geblähten Geheimdiensten ausscheidenden Mitarbeiter. Ein
solches Beziehungsgeflecht existiert auch in Deutschland,
den USA oder Großbritannien. Der ehemalige Präsident des
Bundesamtes für Verfassungsschutz und des BND Heribert
Hellenbroich leitete die Industrie- und Handelsschutz
GmbH (IHS). Auch die BND-Präsidenten August Hanning
und Gerhard Schindler wechselten nach ihrer Amtszeit zu
privaten Sicherheitsfirmen. Die Branche profitiert zum einen von der Erfahrung ehemals staatlicher Mitarbeiter und
zum anderen von der nicht vorhandenen Reglementierung.

Mythos Nr. 19 – Geheimdienste haben unbegrenzte Budgets

Satelliten, Hubschrauber oder Bestechungsgelder – wenn der Geheimdienst etwas will, dann bekommt er es auch. Der Preis spielt keine Rolle, wenn James Bond wieder einmal im Einsatz ist. Eine unverzichtbare Zutat für die Legenden über allmächtige Geheimdienste ist der Mythos, dass sie über unbegrenzte, ja unerschöpfliche Mittel verfügen. Ein Zustand, von dem die meisten Behörden nur träumen können.

Die Realität moderner Nachrichtendienste sieht anders aus. Zum einen sind die Budgets heute mehr oder weniger offen einsehbar, zumindest in einer für die Öffentlichkeit zensierten Version. Zum anderen kann es als ein Erfolg der demokratischen Zähmung von Geheimdiensten angesehen werden, dass Haushalt und Ausgaben strengen Prüfungen unterliegen.

Beispiel Bundesnachrichtendienst: Der Haushalt des deutschen Auslandsnachrichtendienstes ist ein Sonderposten im Haushalt des Bundeskanzleramtes. Parlamentarisch kontrolliert werden diese Ausgaben und die Einhaltung des Budgets vom Vertrauensgremium des Haushaltsausschusses im Deutschen Bundestag. In der Praxis geprüft wird das – wie bei anderen Bundesbehörden – vom Bundesrechnungshof. Der schickt Prüfer in die Geheimdienstzentralen, um die Anzahl der Bleistifte und die Blätter des Kopierpapiers überprüfen zu lassen. Typisch Behörde.

Und wie viel Geld haben die deutschen Auslandsagenten zur Verfügung? Im Jahr 2017 waren es genau

832.860.000,00 Euro, also mehr als 800 Millionen. Eine stolze Summe, zweifellos. Mehr als doppelt so viel, wie dem Inlands-Nachrichtendienst BfV gewährt wurden. Das Kölner Bundesamt für Verfassungsschutz bekam im selben Zeitraum nämlich »nur« 329.100.000 Euro, also rund 330 Millionen.

In den letzten fünf Jahren sind die Ausgaben für die Nachrichtendienste in Deutschland stetig gewachsen. Der BND bekommt heute rund 300 Millionen mehr als noch 2013, der Verfassungsschutz rund 150 Millionen.

Sosehr diese stattlichen Summen aufhorchen lassen, im Vergleich wird offensichtlich, wie gering der Anteil dieser Budgets am gesamten Bundeshaushalt von 2017 ist. Den rund 800 BND-Millionen steht ein Budget des Bundeskanzleramtes von fast 2,8 Milliarden gegenüber. Und selbst das macht gerade einmal 0,82 Prozent des Gesamthaushaltes der Bundesrepublik Deutschland aus. Der Haushaltsposten des BND belief sich damit auf ca. 0,25 Prozent, also ein viertel Prozent des gesamten Bundeshaushaltes. Der Auslands-nachrichtendienst kostete den Steuerzahler 2017 ungefähr so viel wie der Deutsche Bundestag. Beide haben übrigens eine vergleichbare Anzahl an Personal. Dem Spitzenplatz im deutschen Haushalt, den traditionell das Ministerium für Arbeit und Soziales einnimmt, stehen hingegen rund 136 Milliarden zur Verfügung, also das 163-Fache des größten deutschen Nachrichtendienstes.

Auch im Vergleich zu den branchenführenden US-amerikanischen Geheimdiensten schneidet der deutsche BND bescheiden ab. Der US-Auslandsdienst CIA erhielt 2017 fast 13 Milliarden US-Dollar, das FBI und die NSA fast

10 Milliarden. Das ist mehr als das Zehnfache des BND! Der britische Auslandsnachrichtendienst MI6 bekommt jährlich mehr als das Dreifache der deutschen Kollegen. Ein unerschöpfliches Reservoir geheimdienstlicher finanzieller Mittel für die deutschen Dienste sähe beileibe anders aus.

Wären da nicht ... Ja, wären da nicht die ständigen Meldungen über »geheime Kassen«, die das Budget der Schlapphüte füllen. Die Budgets der US-Dienste sollen so zum Beispiel mehr als doppelt so hoch sein wie im Haushalt angegeben. *Black budget* werden diese Töpfe genannt. Sie sind jedoch so geheim, dass eine Überprüfung kaum möglich ist.

Wie »außerplanmäßige Zuwendungen« an Geheimdienste aussehen können, zeigte die Bundesregierung: Nach den Snowden-Enthüllungen über »*spying on friends*« durch die US-Dienste wollte die Bundesregierung den BND unabhängiger von den Amerikanern machen. Dazu forderte sie den Dienst auf, Vorschläge zu Projekten einzureichen. Heraus kam das Satellitenprogramm des BND: rund 500 Millionen Euro für bis zu drei Satelliten, die 2020 ins All geschickt werden sollen. Die Kosten dafür sollen über Sondertitel finanziert werden. Eine »geheime« oder »schwarze Kasse« ist das allerdings nicht.

Mythos Nr. 20 – Geheimdienstbosse

»Chef-Spion« werden sie in deutschen Zeitungen oft genannt, der »Geheimste der Geheimen« oder »ein typischer M« wie in den Bond-Filmen: Zumeist altehrwürdig, erfahren und kurz angebunden, sind sie Autoritäten, die über den Dingen stehen und dabei vor allem namenlos bleiben. Dieses Bild von Geheimdienstchefs geistert durch viele Köpfe und Zeitungsartikel – und ist trotzdem mehr Mythos als Realität.

Gleichwohl ist die Vorstellung des Chef-Spions ein Mythos, der auf realen Grundlagen beruht. So waren zum Beispiel die Namen von Geheimdienstbossen lange Jahre der Öffentlichkeit tatsächlich unbekannt. Die Namen der Chefs der britischen Nachrichtendienste MI5 und MI6 galten ebenso wie der Sitz der Dienste bis Anfang der 1990er-Jahre als Staatsgeheimnis. Auch der Gründer des deutschen Auslandsgeheimdienstes BND Reinhard Gehlen trat nach außen oftmals unter dem Decknamen »Dr. Schneider« auf.

Ebenso gehörte es zum klassischen Geheimdienst, dass der Boss aus den eigenen Reihen kam oder zumindest aus dem Militär. Die operative Arbeit in diesem Metier war ihm aus eigener Erfahrung bekannt, der Chefposten der Abschluss einer Geheimdienstkarriere.

Diese Zeiten sind jedoch – zumindest in Deutschland – lange vorbei. Keiner der 19 deutschen Nachrichtendienst-Chefs im Jahr 2018 arbeitete vor seiner Ernennung zum Präsidenten (BND, BfV, MAD) beziehungsweise Leiter (LfVs) in diesem Metier. Es kam auch keiner aus dem aktiven Dienst bei der Bundeswehr, selbst der Chef des Militärischen Abschirmdienstes ist seit den 1990er-Jahren ein Zivilist. Stattdessen haben fast alle etwas ganz anderes gemeinsam: Sie sind Juristen. Verwaltungsjuristen.

So stellt man sich »M« nicht vor. Die deutschen Nachrichtendienstchefs durchliefen verschiedene Stationen im öffentlichen Dienst. Zwischen Akten, Schreibtischen und Amtsstuben liegt ihre geistige Heimat, das Steuern von Verwaltungsprozessen ist ihr Handwerk.

In der Bundesrepublik Deutschland hat diese Art der Karriere seit den 1970er-Jahren Tradition. Dem Inlandsgeheimdienst BfV standen seit seiner Gründung Zivilisten vor, meistens Juristen. Im Auslandsgeheimdienst BND regierten drei Jahrzehnte die alten Wehrmachtmilitärs um Gründer Reinhard Gehlen. Als dessen Vize und Nachfolger Gerhard Wessel zum Jahresende 1978 ausschied, folgte ihm der Zivilist, Jurist und spätere Außenminister Klaus Kinkel nach. Seitdem ist auch der Auslandsnachrichtendienst fest in ziviler und verwaltungsjuristischer Hand.

Was ganz und gar nicht spannend klingt, entpuppt sich bei näherer Betrachtung als Glücksfall für die deutsche Demokratie: Durch Juristen in leitender Position bei Nachrichtendiensten gewannen Kontrolle und Rechtsstaatlichkeit an Bedeutung. Gleichermaßen setzten die Präsidenten und Leiter Standards dahin gehend, was Nachrichtendienste in einer modernen Demokratie sein sollen: Behörden (wenn auch mit Spezialauftrag). Und alle Behörden – auch die Geheimdienste – sind an geltendes Recht und Vorschriften gebunden. Damit muss man sich auskennen, um die gestellten Aufgaben dementsprechend zu erfüllen, und dazu bedarf es vor allem der Erfahrung in öffentlicher Verwaltung. Ein Top-Agent würde sich sicherlich auf sein Handwerk verstehen, mit einer modernen Bürokratie deutscher Prägung aber vermutlich in Konflikt geraten.

Mit dem Archetypus eines zivilen Verwaltungsjuristen als Geheimdienstchef ist Deutschland tatsächlich eher ein

Sonderfall. In den USA zum Beispiel stehen den Diensten meist Generale mit Kampferfahrung vor. In Russland sind es zumeist Zöglinge oder Eigengewächse des sowjetischen Geheimdienstes KGB. Solche Geheimdienste haben in Bezug auf die operative Arbeit zwar einen besseren Ruf, doch wenn es um Rechtsstaatlichkeit, demokratisches Grundverständnis und Menschenrechte geht, schneiden sie mitnichten besser ab. Ist ein Verwaltungsjurist also vielleicht die bessere Besetzung?

Mythos Nr. 21 – »Mr. Hisbollah«, der Chef-Unterhändler des BND

Nur selten werden Geheimagenten ins Rampenlicht gezerrt. Wenn sie hochbrisante Aufträge erfüllt haben, schon einmal gar nicht. Bei einem BND-Mitarbeiter war das anders: Dr. Gerhard Conrad, einst Chef-Unterhändler des BND im Nahen Osten. Mittlerweile gibt es sogar Fotos und eine öffentliche Version der Geschichte »unseres Mannes in Damaskus«, die eine der erfolgreichsten Missionen des deutschen Auslandsnachrichtendienstes war.

Über Conrads Privatleben und seine Zeit vor dem BND ist wenig bekannt, lediglich, dass er schon zu Studienzeiten in Syrien Arabisch lernte und einen Doktortitel in Islamwissenschaften hat. Danach ging er zum BND. Vier Jahre lang, von 1998 bis 2002, war er der Vorgesetzte (»Resident«) der BND-Mitarbeiter der deutschen Botschaft in Damaskus.

Dr. Conrad wurde zu einem der führenden Experten für den Nahen Osten und das schwierige Verhältnis zwischen

Israel und dessen Nachbarländern. Verschiedene Missionen führten ihn nach Jerusalem und in den Libanon nach Beirut. Um 2002, Dr. Conrad war mittlerweile Mitglied des Planungsstabes des BND, stieß er zu einem streng geheimen Verhandlungsteam des Auslandsgeheimdienstes. Die Mission: Geheimverhandlungen zwischen Israel und der libanesischen Hisbollah. Das Ziel: der Austausch von Gefangenen. Was – vor allem in der deutschen Öffentlichkeit – lange niemand erwartet hätte: Der deutsche BND genoss sowohl auf der israelischen als auch auf der libanesischen und syrischen Seite einen guten und vertrauenswürdigen Ruf. Zusammen mit dem damaligen Geheimdienstkoordinator im Kanzleramt und späteren BND-Präsidenten Ernst Uhrlau vermittelte der deutsche Geheimdienst 2004 den Austausch von über 400 Personen aus israelischen und libanesischen Gefängnissen.

In der krisengeschüttelten Region zogen solche Erfolge bald weitere Aufträge nach sich. 2007 verhandelte Dr. Conrad erfolgreich über die Freilassung des Deutsch-Israelis Daniel Scharon aus dem Libanon, nur ein Jahr später erreichte er die Freilassung von drei Deutschen, die von der kurdischen PKK im Osten der Türkei entführt worden waren. Zwischen Israel und den Palästinensern handelte er noch im selben Jahr den Austausch der Leichen der israelischen Soldaten Ehud Goldwasser und Eldad Regev gegen die Freilassung von zwei Palästinensern und vier Libanesen aus israelischen Gefängnissen aus. Just zu dieser Zeit geisterte der Name Dr. Conrad erstmals durch informierte Medienkreise. Kurze Zeit später würdigten das Bundeskanzleramt und die israelische Regierung Gerhard Conrad öffentlich und namentlich für die enorm kräftezehrenden Strapazen in über anderthalb Jahren, auf 100 Reisen mit fast 700.000 Flug-Kilometern und zahllosen Treffen. 2008 erhielt Conrad für seine Einsätze das Bundesverdienstkreuz.

Unterdessen war Conrad, obwohl jetzt öffentlich bekannt, weiter auf Verhandlungsmission. 2011 fädelte er einen weiteren großen Coup ein, dieses Mal zwischen der palästinensischen Hamas und Israel: 2006 war der israelische Soldat Gilad Schalit entführt wurden, und Conrad bekam ihn fünf Jahre später im Austausch gegen über 1000 inhaftierte Palästinenser frei. Der israelische Premierminister Benjamin Netanjahu soll Dr. Conrad bei Bundeskanzlerin Merkel für einen Einsatz angefragt haben, nach erfolgreichem Abschluss der Mission wurde Conrad durch den israelischen Staatspräsidenten Schimon Peres persönlich empfangen.

Dies war der anderen Seite dann offenbar doch zu viel des israelischen Lobes, denn fortan lehnten die Hamas und andere Organisationen Conrad als Vermittler ab. Damit waren Dr. Conrads größte Abenteuer vorbei. Nach einigen Jahren in der BND-Zentrale leitet er seit 2016 das *EU Intelligence Analysis Centre* (INTCEN) in Brüssel. Informationen werden dort nicht beschafft, sondern nur ausgewertet und an EU-Institutionen weitergeleitet. Immerhin kann Conrad in dieser Funktion öffentlich auftreten, zum Beispiel bei Konferenzen des Verfassungsschutzes oder der Münchner Sicherheitskonferenz. Zur deutschen Geheimdienstlegende hat er es ohnehin längst geschafft – mit einigen der erfolgreichsten BND-Missionen aller Zeiten.

Mythos Nr. 22 – FBI, CIA und NSA sind die einzigen Geheimdienste der USA

Heutzutage kennt jeder Zeitungsleser und aufmerksame Kinogänger das große Triumvirat der Geheimdienstwelt: CIA (US-Auslandsgeheimdienst), FBI (Bundespolizei und Spionageabwehr) und NSA (Telekommunikationsüberwachung). Mehr gibt es nicht?

Weit gefehlt, denn die USA unterhalten wesentlich mehr Geheimdienste, die jenseits des Atlantik kaum bis gar nicht bekannt sind. Insgesamt 16 verschiedene Geheimdienste existieren in den USA. Zusammengefasst werden sie unter der Bezeichnung *US Intelligence Community*, die nachrichtendienstliche Gemeinschaft. Ronald Reagan rief sie formal 1981 ins Leben. Als Behörde sitzt die *Intelligence Community* seitdem in Washington und wird vom *Director of National Intelligence*, kurz DNI, geleitet. Früher war dieser Posten für den CIA-Präsidenten reserviert, seit 2004 wird er jedoch anderweitig vergeben.

Woher kommen die 16 Geheimdienste der USA, und worin bestehen ihre Aufgaben? Die großen drei CIA, NSA und FBI sind geläufig. Bleiben noch 13 aufzuklären. Vielleicht, gerade im cineastischen Kontext, einmal gehört haben könnte man von der *Drug Enforcement Administration* (DEA). Sie ist dem Justizministerium unterstellt und führt Amerikas Kampf gegen Drogen.

Den mit Abstand am weitesten verzweigten geheimdienstlichen Apparat unterhält das US-Verteidigungsministerium im Pentagon. So weitverzweigt, dass es eine eigene Dachorganisation, die *Defense Intelligence Agency* (DIA) gibt, die für die militärische Aufklärung in Gesamtheit zuständig ist. Neben beziehungsweise unter ihr unterhält jede Waffengattung (Land – Luft – Wasser) einen eigenen Aufklärungsdienst: Die US-Luftwaffe unterhält die *Twenty-Fifth Air Force* (25 AF), die US-Army das *United States Army Intelligence and Security Command* (INSCOM) und die Marine gleich zwei: die *Marine Corps Intelligence Activity* (MCIA) und das *Office of Naval Intelligence* (ONI).

Das waren jedoch beileibe noch nicht alle Geheimdienste unter der Ägide des Verteidigungsministeriums. Denn auch das *National Reconnaissance Office* (NRO), das Amerikas Spionagesatteliten steuert, untersteht dem Pentagon. Dasselbe gilt auch für die *National Geospatial-Intelligence Agency* (NGA), die damit befasst ist, die US-Streitkräfte mit exakten Karten, Klima- und sonstigen geografischen Daten zu versorgen.

Sieben Nachrichtendienste gehören also allein zum US-Verteidigungsministerium, bleiben immer noch sechs weitere. Das Heimatschutzministerium *Homeland Security* unterhält sowohl das *Office of Intelligence and Analysis* (I&A) als auch einen eigenen Nachrichtendienst für die Küstenwache, die *United States Coast Guard Intelligence* (CGI).

Fast schon logisch erscheint in diesem Netz von Geheimdiensten, dass das US-Außenministerium – übrigens genau wie Großbritannien – einen eigenen Nachrichtendienst unterhält. Was in Deutschland schwer vorstellbar ist, heißt in Washington *Bureau of Intelligence and Research* (INR) des US State Departments.

Neben dem Sicherheitsapparat von Verteidigungs-, Justiz- und Heimatschutzministerium, der CIA und dem

Außenministerium unterhalten noch zwei weitere Ministerien, die man gemeinhin nicht mit Geheimdiensten in Verbindung bringt, eigene Nachrichtendienste. Das Finanzmi-
nisterium betreibt den Geheimdienst *Office of Terrorism
and Financial Intelligence*, der den internationalen Geld-
strömen des Terrorismus und der Organisierten Kriminalität nachspürt.

Aus europäischer Sicht noch kurioser ist die Tatsache,
dass selbst das Energieministerium einen eigenen Nachrichtendienst unterhält, das *Office of Intelligence and Counterintelligence*, das vor allem Nuklear-Expertise, Analyse-
kompetenz und Labors zur Verfügung stellt. Hinter dem
vagen Begriff der »Energiesicherheit« lassen sich jedoch
auch neue und wirtschaftlich relevante Technologien oder
Wissenschaftsspionage verbergen.

Wie hoch das Gesamtbudget für alle Nachrichtendienste der USA ist, weiß niemand so genau. Aber den drei großen CIA, FBI und NSA stehen allein 50 Milliarden US-Dollar zur Verfügung (ausgenommen sogenannter »schwarzer
Kassen«). Die USA sind also auch bei den Geheimdiensten – zumindest in ihrer Anzahl und den Budgets – absolute Weltmacht.

Mythos Nr. 23 – Milliardär Howard Hughes und die CIA

Den Superreichen wird oftmals ein Hang zur Exzentrik
nachgesagt. Der US-Milliardär Howard Hughes bot hierfür
ein Paradebeispiel. Er war dermaßen exzentrisch, dass er

als Fassade für ein mehrere Hundert Millionen teures Geheimdienstprojekt herhielt. Und während zahllose Mythen um seine Person bis heute nicht geklärt sind, wurde seine Zusammenarbeit mit dem US-Auslandsnachrichtendienst CIA ebenfalls zu einem Mythos.

Hughes, Anfang des 20. Jahrhunderts geboren, war Erbe eines Erdölvermögens. Finanziell abgesichert durch das Familienimperium, eroberte Hughes erst die Filmindustrie in Hollywood und dann die Luftfahrt: »Mein erstes Ziel ist es, der beste Golfspieler der Welt zu werden. Zweitens der beste Flieger zu werden und drittens der berühmteste Filmproduzent. Und dann will ich, dass Sie mich zum reichsten Mann der Welt machen«, soll Hughes 1925 gesagt haben. Und seine Ambitionen wurden Wirklichkeit.

Filmindustrie, Luftfahrt, Erdöl und das Glücksspiel in Las Vegas machten ihn zum Milliardär. Dann begann sein Wahnsinn. Hughes entwickelte eine manische Keimphobie, magerte durch absurde Diäten ab und zog sich vollkommen zurück, sodass ihn angeblich jahrelang niemand zu Gesicht bekam. Er schnitt sich weder Haare noch Fingernägel und glich mehr einem Gespenst als einem Menschen. So jedenfalls die Legende, die als Vorlage für zahlreiche Millionäre diente, etwa in der filmischen Hughes-Biografie *Aviator* mit Leonardo di Caprio, den Simpsons oder im James-Bond-Film *Diamantenfieber* für die Figur des Willard Whyte.

Wie viel davon Fantasien der Boulevardpresse waren und was Realität, ist bis heute nicht klar. Bei einer von ihm selbst einberufenen Pressekonferenz anlässlich einer gefälschten Autobiografie sprach Hughes zu den anwesenden Journalisten nur aus der Ferne, über Mikrofon. Als sie ihn fragten, warum er sich isoliere, entgegnete er: »Ich weiß es nicht. Ich bin da irgendwie hineingeschliddert.«

1976 starb er unter bizarren Umständen. Angeblich hatte er mit seinem engsten Mitarbeiterstab immer wieder seinen Tod geprobt. Als es wirklich ernst wurde, verbrachte man ihn jedoch in einem Flugzeug aus Mexiko nach Texas, wobei Hughes während des Fluges an Nierenversagen starb. In Texas wurde er unter falschem Namen ins Krankenhaus gebracht und erst anhand von Fingerabdrücken identifiziert.

Genau dieser Howard Hughes lieferte den Deckmantel für eine der teuersten CIA-Operationen des Kalten Krieges. 1968 war das sowjetische U-Boot K-129 im Pazifik gesunken. Die Sowjets konnten es nicht orten, doch Unterwassersensoren der US Navy hatten eine Detonation gemeldet und zeigten an, wo sich das U-Boot befand: rund 3000 Kilometer vor Hawaii in fast 5000 Meter Tiefe.

Im Pentagon und in Langley reifte ein verwegener Plan. Nachdem Fotos des Wracks gemacht worden waren, sollte es unauffällig geborgen werden, um die Geheimnisse sowjetischer U-Boote zu ergründen. Und hier kam Howard Hughes ins Spiel. Seine Firma Global Marines arbeitete schon seit dem Zweiten Weltkrieg mit dem Pentagon zusammen, war unter anderem Lieferant für die Ausrüstung der Air Force und befasste sich ohnehin mit der Gewinnung von Rohstoffen in der Tiefsee. Nun sollte der weltberühmte und exzentrische Milliardär also ein sowjetisches U-Boot bergen.

Das von der CIA und dem Pentagon mit rund 300 Millionen US-Dollar finanzierte Project Azorian sah folgendermaßen aus: Undercover sollte ein riesiges Expeditions-schiff mit dem Namen *Hughes Glomar Explorer* über dem Wrack positioniert werden, das vorgeblich von Hughes' Firma gebaut wurde. Angeblicher Zweck: Erforschung des Meeresbodens und Abbau von Erzen wie Manganknollen. Offenbar funktionierte die Legende blendend, denn selbst Schiffe der sowjetischen Kriegsmarine und Helikopter, die um die Unfallstelle patrouillierten, durchschauten die Mission nicht.

Die *Hughes Glomar Explorer* seilte einen riesigen Haken und Greifarme aus ihrem Inneren in die Tiefe ab und konnte das Wrack in wochenlanger Arbeit tatsächlich bergen. Unter der Wasseroberfläche brach jedoch ein Greifarm und mit ihm auch das Wrack. Letztlich erreichte im Sommer 1974 nur ein etwa 20 Meter langes Stück die CIA. Trotzdem wurde die Operation als Erfolg gefeiert, der über Jahrzehnte streng geheim blieb.

Wie die CIA an Hughes, zu dieser Zeit bereits in der letzten und schwersten Phase seiner Isolation, überhaupt herankam, ob Hughes selbst Geld investierte und welche Rolle er im Verlauf der Operation spielte, ist bis heute streng geheim. Verbindungen zwischen Hughes und der CIA gab es ohnehin genug: Nicht nur wurde gemunkelt, dass Präsident Richard Nixon nur deshalb ehemalige CIA-Agenten ins Watergate-Hotel einbrechen ließ, um Beweise für geheime Zahlungen, die er von Hughes erhalten hatte, beseitigen zu lassen. Darüber hinaus war Hughes' Assistent Robert Maheu zuvor beim FBI und der CIA beschäftigt gewesen.

In Pioniergeist und Extravaganz stand das *Project Azorian* Hughes anderen Unternehmungen in nichts nach.

Vielleicht hatte Hughes deshalb zugestimmt. Vielleicht trafen zu jener Zeit aber auch längst andere an seiner Stelle die Entscheidungen.

Mythos Nr. 24 – Die russischen Geheimdienste morden besonders gut und häufig

Und weil sie es so gut können, machen sie es auch bei jeder Gelegenheit. So zumindest lautet ein weitverbreiteter Mythos, und tatsächlich gibt es zahlreiche Mordfälle, die diesen Mythos genährt haben. Viele davon stammen aus der Zeit des Kalten Krieges, manche gehen noch auf die Zeit vor dem Zweiten Weltkrieg zurück, als der in der Sowjetunion an die Macht gekommene Josef Stalin einen blutigen Machtkampf ausfocht. Sein größter Konkurrent, Leo Trotzki, floh nach Mexiko. Doch auch dort fanden Stalins Häscher ihn schließlich und ermordeten ihn mit einem Eispickel.

Als der jugoslawische Kommunistenführer Josip Broz »Tito« nach dem Zweiten Weltkrieg aus seinem Moskauer Exil zurückkehrte, wandte er sich von Stalin ab. Auch er sollte bestraft werden. Stalin schickte Agenten, die Titos Koch dazu bringen sollten, sein Essen zu vergiften. Nachdem der Versuch fehlschlug, sollte ein Agent in Titos Umfeld zum Revolver greifen und den abtrünnigen Marschall erschießen. Wieder nichts, am Ende starb Tito erst 1980.

Auch nach Deutschland reichte Stalins (und nach seinem Tod 1953 Chruschtschows) langer Arm. In München vergiftete der KGB-Agent Bogdan Schtschanski gleich zwei politische Emigranten, die gegen die Sowjetunion zu Felde gezogen waren: Lew Rebet und Stepan Bandera. Beide hatten schon im Zweiten Weltkrieg mit den Nazis gegen die Kommunisten gekämpft, nach dem Krieg arbeiteten sie bei *Radio Free Europe* und *Radio Liberty*. Am Ende jedoch plagten den Mörder, der bei seinen Opfern mit Blausäure ein plötzliches Herzversagen ausgelöst hatte, solche Gewissensbisse, dass er sich in Deutschland der Justiz stellte.

Solche Fälle gab es im Lauf der Jahrzehnte bis zum Ende des Kalten Krieges zu Dutzenden. Nach 1990 war für einige Zeit Ruhe, bis zu Beginn der 2000er-Jahre wieder regelmäßig Todesfälle unter Beteiligung russischer Geheimdienste an die Öffentlichkeit drangen. 2006 gingen die Bilder des radioaktiv vergifteten russischen Ex-Agenten Alexander Litvinenko um die Welt. Der ehemalige Offizier des heutigen russischen Inlandsgeheimdienstes FSB hatte beim Treff mit zwei russischen Bekannten in London einen mit tödlichem Polonium versetzten Tee getrunken. Zwei Wochen später war er tot, nicht ohne vorher vor laufenden Kameras den russischen Präsidenten Wladimir Putin, den er wegen eines angeblich inszenierten Terroranschlags kritisiert hatte, persönlich für das Attentat verantwortlich zu machen. 12 Jahre später wurde auf den ehemaligen Agenten des russischen Militärgeheimdienstes, Sergej Skripal, der jahrelang für den britischen MI6 als Doppelagent gearbeitet hatte, ebenfalls in England ein Vergiftungsanschlag verübt. Die Spur des hochkomplexen militärischen Nervengifts Nowitschok, das ihm verabreicht wurde, führte ebenfalls nach Russland.

Diese Liste wäre fortzusetzen, doch besteht hier kein Interesse, weiter an einem Mythos zu stricken. Tatsächlich haben die russischen Geheimdienste in Bezug auf Morde im Ausland eine lange Geschichte. Einige oftmals vernachlässigte, hochinteressante Details jedoch sollten Aufmerksamkeit erregen. Zum einen zeigte sich, dass die Opfer fast ausnahmslos russischer Herkunft waren. Politische Dissidenten, Regimekritiker und ehemalige Geheimdienstler aus den eigenen Reihen. Das Motiv immer: Kritiker zum Schweigen zu bringen oder »Verräter« zu bestrafen. Mord bleibt natürlich Mord, moralisch ändert dieser Umstand nichts. Er macht nur deutlich, dass die Gefahr für die Allgemeinheit und Unbeteiligte relativ gering ist.

Zum anderen gab es durch Überläufer, Archivakten oder Gerichtsverfahren in mehreren solcher Mordfälle die Möglichkeit, Einblick in die Funktionsmaschinerie russischer Geheimdienstmorde zu nehmen. Stutzig machen sollte hier zum einen der enorme bürokratische Planungsvorlauf, der einem geheimdienstlichen Attentat voranging. Teilweise dauerte es Jahre, die Zielperson irgendwo auf der Welt ausfindig zu machen, vor Ort genügend Möglichkeiten zur Absicherung von Einreise, Durchführung und Flucht zu gewährleisten, eine passende Mordwaffe zu finden – und natürlich einen Mörder. Mehrfach scheiterte zum Beispiel das KGB daran, dass der Killer zwar das Geld annahm, anschließend jedoch entweder das Opfer warnte und verschwand oder sich der Polizei offenbarte. Auch solche gefloppten Attentate kamen immer wieder vor, wurden jedoch selten öffentlich. Obendrein waren die Abteilungen des KGB, die für die Durchführung von Mord, Entführung und Attentaten zuständig waren, im Vergleich zum Gesamtapparat relativ klein. In der sozialistischen

Staatsbürokratie wurden Planung und Ausführung immer wieder gebremst. Auftragsmord ist eben auch kein einfaches Geschäft! Man sollte die »Mordmaschinerie« also nicht überschätzen.

Mythos Nr. 25 – Geheimdienste haben keine Telefonnummern

Die Geheimdienstwelt hat sich stark verändert! Früher, in der guten alten Zeit, als das GEHEIM in Geheimdienst noch wichtiger war als DIENST, konnte man einen Geheimdienst weder anrufen noch einfach so kontaktieren. Das Hauptquartier war hinter einer Tarnfirma versteckt. So waren Geheimdienste bis weit ins 20. Jahrhundert hinein. Mitmachen durfte nur, wer zu der konspirativen Elitetruppe gebeten wurde. Doch diese Zeiten sind längst vorbei!

Geheimdienste mussten sich für die Öffentlichkeit öffnen. Das taten sie nicht unbedingt freiwillig, doch Demokratisierung und Globalisierung zwangen sie dazu. Mit den Jahrzehnten, vor allem nach dem Ende des Kalten Krieges, gaben die Dienste ihr selbst gewähltes Schattendasein nach und nach auf. Presseabteilungen gehören zum behördlichen Alltag – und wer eine Presseabteilung hat, der braucht natürlich auch eine Telefonnummer und einen Internetauftritt.

Die amerikanische CIA war der erste Dienst, der in die Öffentlichkeit trat – mit Büchern, Filmen und in der Presse. Unwillig gingen MI6 oder BND dieselben Schritte, allerdings erst Jahre später. Niemand wollte sich vorwerfen lassen, das undemokratische, intransparente Schmuddel-kind im Staat zu sein. Vor allem nicht, wenn auf andere Dienste verwiesen werden konnte, die längst den Schritt in die Öffentlichkeit gewagt hatten. Nur die Dinosaurier der Geheimdienstwelt in den Staaten entlang der »Achse des Bösen« sind nach wie vor getarnt. Doch selbst die russi-schen Geheimdienste, gemeinhin nicht für Transparenz bekannt, haben nachgezogen.

Die Initiative »*Call a Spy!*« des Künstler-Kollektivs PENG! nutzte die Informationen des ehemaligen NSA-Mit-arbeiters Edward Snowden einmal anders und erstellte ein Verzeichnis mit Telefonnummern von Geheimdienstmit-arbeitern der CIA, der NSA, des BND und anderen Diens-ten. Von einer improvisierten Telefonzelle aus konnte man die Agenten direkt anrufen, mit dem Ziel sie zum Jobwech-sel zu überreden.

Und der Bundesnachrichtendienst? Die Homepage www.bnd.bund.de gleicht dem Webauftritt anderer Behör-den. Aufgabengebiete, etwas zur Geschichte und die übli-chen behördlichen Informationen – all das findet sich auch auf dieser Website. Und Telefonnummern: zunächst die Ruf-nummer der Dienststelle in Berlin, dann die Durchwahlen der Presseabteilung, der Stelle für Öffentlichkeitsarbeit und für Fragen zur Geschichte die Nummer des Historischen Bü-ros. Jede dieser Stellen hat natürlich auch eine E-Mail-Adres-se. Für alle, die es nicht glauben können: Unter 030 4146 457 ist die BND-Zentrale in Berlin zu erreichen – selbstverständ-lich nur für ernsthafte Anliegen! Denn Scherzanrufe be-kommt der deutsche Auslandsnachrichtendienst mindes-tens ebenso oft wie Drohanrufe, Beschimpfungen oder

Hinweise auf Aliens. Und einmal mehr beweist der BND Humor. Die Durchwahl der Stelle für Öffentlichkeitsarbeit lautet nämlich 007.

Mythos Nr. 26 – Geheimdienste interessieren sich nicht für das Wetter

Alle reden über das Wetter – auch der Geheimdienst! Und das nicht nur beim Treppenplausch in der Behörde. Wetter und Klima sind längst keine »weichen Themen« mehr, sondern haben enorme politische und wirtschaftliche Auswirkungen. Diese richtig einzuschätzen ist auch eine Aufgabe von geheimen Nachrichtendiensten. Ein Mythos also, dass sich Geheimdienste nicht für das Wetter interessieren.

Ein Beispiel dafür boten die von Edward Snowden veröffentlichten Dokumente des US-amerikanischen Geheimdienstes NSA: Zunehmend fokussierte die NSA in den vergangenen Dekaden die politischen Folgen von Klimaveränderungen, um mögliche Konflikte zu untersuchen. Das Schmelzen des ewigen Eises in der Arktis hat direkte Auswirkungen auf russische Militärstützpunkte. Gleich mehrere Staaten beanspruchen Territorien in der Region, die bald für den Abbau von Rohstoffen zugänglich werden könnte. Politische Konflikte sind da vorprogrammiert – und Geheimdienste wollen als Erste wissen, wer welche Interessen vertritt und welche Taktikten verfolgt.

Dasselbe geschieht an anderen Schauplätzen auf der Welt: Globale Erwärmung lässt Gletscher schmelzen, es folgen erst heftige Fluten, dann ein Rückgang des Wasserpegels von Flüssen, die aus Gebirgsgletschern gespeist werden. So zum Beispiel am Fluss Indus, der aus dem Himalaja sein Wasser bezieht. Zwischen den ohnehin verfeindeten Staaten Indien und Pakistan mündet der Fluss ins Meer, beiderseits der Grenze wird Fischfang betrieben. Seitdem der Wasserstand abnimmt, spitzen sich Konflikte um Fangquoten oder das Fischen in fremden Gewässern zu – und die NSA zeichnete die Kommunikation darüber auf und erstellte politische Analysen.

Die USA unterhalten sogar eine Geheimdienstbehörde für die Erstellung exakter Karten und Klimadaten: die NGA *(National Geospatial-Intelligence Agency)*. Die Analyse und politische Vorhersage anhand dieser Daten übernehmen dann zwar andere, doch allein die Existenz eines mehr oder weniger geheimen Dienstes für diese Aufgaben steht für sich. Um Umweltschutz oder positive politische Reaktionen auf die sich verändernden Klimaverhältnisse geht es dabei jedoch weniger. Vielmehr sollen US-Positionen bei internationalen Verhandlungen durch Informationen gestützt, das Militär mit genauen Karten und Wettervorhersagen versorgt und eine politische Gefahrenanalyse durchgeführt werden. In ihrem Bericht zur weltweiten Gefahrenanalyse 2018 vermerkten die US-Geheimdienste: »Die Auswirkungen langfristiger Trends hin zu einer Klimaerwärmung, mehr Luftverschmutzung, Verlust von Biovielfalt und Wasserknappheit werden 2018 womöglich wirtschaftlichen und sozialen Unmut, möglicherweise auch Aufstände, befördern.«

Mythos Nr. 27 – Geheimdienste und Flüchtlinge

Die Flüchtlingskrise 2015 rückte in Deutschland die Frage nach Geheimdiensten und Massenmigration in den Vordergrund. Die größte Furcht, die mit teils apokalyptischen Szenarien an die Wand gemalt wurde, war, dass sich Terroristen als Asylsuchende tarnen könnten. Ein Blick in die – vor allem jüngere deutsche – Geschichte zeigt: Große Migrations- und Fluchtbewegungen waren und sind auch für Geheimdienste ein beachtenswertes Phänomen. Doch der Blick zurück öffnet auch die Augen dafür, dass deswegen kein Grund zur Panik besteht.

Das Deutschland der Nachkriegszeit war ein Paradebeispiel für Massenmigration und bot einige Parallelen zu 2015: Kriegsflüchtlinge, Vertriebene, Deutsche aus nicht mehr zu Deutschland gehörenden Gebieten, Zwangsarbeiter und viele mehr flüchten quer über den Kontinent. Dazu kam die deutsche Teilung samt Millionen von Grenzgängern zwischen Ost und West.

Der sowjetische Geheimdienst KGB erkannte früh seine Chance: Kurzerhand wurden Flüchtlingsschicksale ausgenutzt und dazugehörige Identitäten gefälscht, um Agenten getarnt in den Westen zu schicken. Mit Papieren, die sie als vertriebene, geflüchtete oder verbliebene Deutsche auswiesen, beantragten KGB-Agenten Asyl und bundesrepublikanische Ausweise. Anschließend sollte die Reise zumeist weitergehen in ein anderes Land, wo das Risiko einer Enttarnung geringer war.

Die DDR und ihre Auslandsspionage nutzten die einmalige Situation der beiden deutschen Staaten ebenso für ihre Zwecke. Und abgesehen von gefälschten Identitäten gab es noch andere Methoden. Zuhauf wurden Agenten in die Notaufnahmelager für DDR-Flüchtlinge in Berlin oder Gießen geschickt. Von dort aus sollten sie den »normalen Weg« gehen, den Übersiedler aus der DDR einschlugen. Einer der bekanntesten Agenten überhaupt, der spätere Spion im Kanzleramt Günther Guillaume, kam auf ebendiese Art unter seinem tatsächlichen Namen in die Bundesrepublik.

Hier darf sogleich eine Einschränkung hinterhergeschickt werden: Statistisch gesehen spielten getarnte Agenten, die sich im Flüchtlingsstrom von Ost- nach Westdeutschland versteckten, nämlich keine Rolle. Obgleich die genaue Anzahl der DDR-Spione immer noch unbekannt ist, waren es selbst nach pessimistischsten Schätzungen allenfalls Tausende, die als falsche Flüchtlinge in den Westen gelangten – bei einer Gesamtanzahl von rund drei Millionen DDR-Übersiedlern!

Doch auch westdeutsche Geheimdienste machten sich die DDR-Flüchtlingsströme zunutze. In den Notaufnahmelagern waren Mitarbeiter der alliierten Geheimdienste und des BND stationiert, die interessante oder verdächtige Flüchtlinge befragten. 1955 urteilte der BND-Vorläufer Organisation Gehlen über diese Methode: »Diese Wissensträger stellen ein Kapital dar, das [...] genutzt werden muss. Befragungen sind die billigste Möglichkeit der Nachrichtengewinnung.«

Massenhaft sammelten die Dienste Informationen über den Alltag in der DDR, die Wirtschaft, Erfahrungen mit der Staatsmacht, der Staatssicherheit oder der Armee. Die

Wirtschaftsaufklärung des BND bezog 18 Prozent ihres Informationsaufkommens aus Flüchtlingsbefragungen. Ende der 1980er-Jahre ließ der damalige BND-Präsident Hans-Georg Wieck unter DDR-Flüchtlingen eine Umfrage zum Thema Wiedervereinigung durchführen – mit überraschendem Ergebnis: Eine Mehrheit der DDR-Flüchtlinge zeichnete nicht nur ein desaströses Bild der DDR, sondern war auch für eine Wiedervereinigung der beiden deutschen Staaten (anstatt einer Reform der DDR).

Diese Methode behielt der BND auch nach 1990 bei. Sowohl während der Massenmigration aufgrund der jugoslawischen Bürgerkriege Anfang der 1990er-Jahre als auch in der Zeit danach wurden Flüchtlinge von Mitarbeitern des BND befragt. Getarnt waren die BND-Agenten als Angehörige der 1958 eingerichteten »Hauptstelle für Befragungswesen«, die über 200 Mitarbeiter verfügte. Einer der bekanntesten Nachrichtenschwindler der Weltgeschichte, der Iraker Rafid Ahmed Alwan alias »Curveball«, kam durch Befragungen des BND im Asylzentrum Nürnberg-Zirndorf zum Geheimdienst. 2014 wurde diese als fragwürdig bezeichnete nachrichtendienstliche Arbeit des BND infolge anhaltender Kritik schließlich eingestellt. Doch schon kurz nach den ersten terroristischen Anschlägen von Islamisten, die als Flüchtlinge ins Land gekommen waren, wurde in der Politik über eine Wiederbelebung der Befragungsstellen diskutiert.

Flucht und Migration sind von jeher nachrichtendienstlich relevante Themen. Heutzutage stehen Fluchtursachen und Gefahrenpotenzial im Vordergrund. Nachrichtendiensten kommen dabei sowohl offensive als auch defensive Aufgaben zu: Denn immer wieder werden Spione oder Terroristen, als angebliche Flüchtlinge getarnt, in andere Länder geschleust. Andererseits werden Flüchtlingsströme als Quellen zur Informationsgewinnung über Herkunftsländer genutzt. Besonders erstere Taktik haben terroristische Organisationen sich abgeschaut und kopiert. Doch die Anzahl der »schwarzen Schafe« ist vergleichsweise gering.

Mythos Nr. 28 – Geheimdienste und die Fußball-WM

König Fußball ist in Deutschland ebenso wie auf der ganzen Welt Heiligtum, Ersatzreligion und Massenevent in einem – und heutzutage ein Milliardengeschäft. Großevents wie Europa- und Weltmeisterschaft haben eine unverhohlene politische Bedeutung: Wer darf das Event ausrichten? Wie präsentiert sich der Gastgeber? Wer sitzt neben wem?

Das war schon vor Jahrzehnten so: Als die Bundesrepublik bei der Weltmeisterschaft 1974 in Deutschland zum ersten und einzigen Mal gegen die Auswahl der DDR spielte (und 0:1 verlor), »sicherten« Hunderte Stasi-Leute die DDR-Fans ab: keine Fluchtversuche, keine Sympathie für den Klassenfeind. Ein ganzer Stasi-Fanblock machte sich in der »Aktion Leder« auf nach Hamburg. Zwei Jahre zuvor, bei den Olympischen Spielen in München 1972, fuhr die Stasi schwere Geschütze auf und diskreditierte den Nachbarn im Westen als Nazi-Hort. In einer Anspielung auf Hitlers Olympiade 1936 hieß es: »Zwei mal 36 ist 72.«

Bei der WM in Russland trat der Inlandsgeheimdienst FSB (*Federalnaja Sluzhba Bezopasnosti* – Föderaler Sicherheitsdienst) in Erscheinung, dem Staatspräsident Putin nach seiner Zeit beim KGB selbst angehörte. Der FSB hielt die gefürchteten russischen Hooligans in Schach – mit so großem Erfolg, dass man sich fragte, warum sie bei anderen Anlässen so aktiv hatten werden können. Und ein anderes unschönes Thema stand auf der Agenda des FSB: Doping. Spätestens seit den olympischen Winterspielen in Sotschi 2014 waren die Anschuldigungen gegen russische Sportverbände weitreichend. Der Geheimdienst soll geholfen haben, das systematische Staatsdoping zu verschleiern, und dabei in Labors eingebrochen sein, um Urinproben auszutauschen.

Ein ungleich größeres Thema war jedoch die Vergabe der WM 2018 an Russland und 2022 an Katar durch den Fußball-Weltverband FIFA. Laut investigativer Recherchen der Londoner *Sunday Times* entspann sich um die erstmals gleichzeitige Vergabe von zwei Turnieren eine wahre Geheimdienstschlacht. Die Kerninhalte: Informationen über Konkurrenten und Bestechung.

Drei Akteure traten besonders in Erscheinung: England, schärfster Konkurrent Russlands für das Turnier 2018, Russland selbst und Katar. Eine Person stand besonders im Rampenlicht: Christopher Steele. Steele war zwischen 1990 und 2009 als Agent des britischen Auslandsgeheimdienstes MI6 unterwegs gewesen, vor allem in Russland. 2017 wurde er als angebliche Quelle des russischen »Sex-Dossiers« über US-Präsident Donald Trump weltberühmt. 2009 hatte er eine Firma für Informationsbeschaffung gegründet:

Orbis Business Intelligence. Nur kurze Zeit später wurde er vom englischen WM-Komitee engagiert, um Informationen über die Mitbewerber zu sammeln. Unterstützt wurde Steeles Team von den britischen Botschaften und ihren Geheimdienst-Residenturen. Besonders im Fokus: die Bewerbungskampagne Russlands. Steele besorgte aus offenen Berichten und geheimen Gesprächen mit Insidern Informationen über das Eingreifen des russischen Präsidenten Vladimir Putin, vermeintliche Absprachen zwischen Russland und Katar und Bestechungsversuche, bei denen gerüchteweise von einer Übergabe eines Picasso-Gemäldes aus russischen Depots an Michel Platini, den damaligen UEFA-Präsidenten, die Rede war.

Obwohl England mit Steele einen gut vernetzten Ex-Geheimdienstler auf seiner Seite hatte, wurde die englische WM-Bewerbung abgelehnt. Die Korruptionspraktiken Russlands und Katars schlugen nichtsdestoweniger große Wellen. Steele gab seine Informationen nämlich nach der Vergabe an einen Bekannten bei der amerikanischen Bundespolizei FBI weiter. Auch die USA hatten sich um die WM 2018 beworben, mussten ihre Bewerbung jedoch zurückziehen. Das FBI ermittelte wegen Korruption und Bestechung und konnte in einem zuvor nie da gewesenen Fall 2015 sieben FIFA-Funktionäre in der Schweiz verhaften. Der größte Korruptionsskandal im Weltfußball nahm seinen Lauf. Neben FIFA-Präsident Sepp Blatter und UEFA-Präsident Platini musste auch das deutsche Mitglied des FIFA-Exekutivkomitees, die Fußball-Legende Franz Beckenbauer, von allen Ämtern zurücktreten. Der FIFA-Sonderermittler John Garcia jedoch benutzte weder Steeles

Informationen noch die erweiterte Version, die der Londoner *Sunday Times* vorlag. In seinem offiziellen Bericht stellte er keine Verstöße bei der Vergabe der beiden Turniere fest.

2018 kam der Hinweis darauf, dass auch Katar für seine Bewerbung ehemalige Geheimdienstmitarbeiter engagiert hatte. Medienberichten zufolge engagierte das WM-Komitee die PR- und Consultingfirma BLJ Worldwide (Brown Lloyd Jones) sowie ein Team ehemaliger CIA-Agenten, die Mitbewerber durchleuchten und Schwachpunkte in ihren Kampagnen finden sollten. Katar bestreitet das natürlich.

Geheimdienste und die Fußball-Weltmeisterschaft stehen in einer komplizierten Verbindung zueinander. Informationen bedeuten Macht. Und Mitarbeiter von Geheimdiensten sind erfahren in Informationsbeschaffung. Die bisherigen Enthüllungen geben wohl erst einen Vorgeschmack auf das, was unter der Oberfläche schlummert.

Hauptstädte und -stätten der Spionage

Mythos Nr. 29 – Berlin, Mutter aller Spionagehauptstädte

»Jeder zweite Erwachsene und manches Kind in Berlin, so hat man das Gefühl, arbeitet in irgendeiner Form für einen Geheimdienst.« Mit diesen Worten beschrieb der legendäre britisch-sowjetische Doppelagent Harold George Blake als Offizier des britischen MI6 die Lage im Berlin der 1950er-Jahre. Verwandtschaftliche oder freundschaftliche Verbindungen in jedem der vier Sektoren und die nahezu unüberschaubare Vielzahl militärischer und ziviler Geheimdienste in der Stadt machten Berlin zum heißesten Ort des Kalten Krieges. Entführungen, Mordanschläge, Propagandaaktionen und konspirative Treffen, dazu die militärische Präsenz in der Stadt – sie formten das Amalgam der Hauptstadt der Spione. Die anfangs noch offene Grenze zwischen Ost und West ermöglichte Geheimdienstaktionen, die andernorts nur schwer vorstellbar waren. Wo kam schon der V-Mann aus Cottbus mit der S-Bahn zum Bahnhof Zoo, trank mit seinem Verbindungsmann ein Bierchen, schob ein paar Notizen über sowjetische Militärstützpunkte über den Tisch und fuhr dann mit Propagandaflugblättern im Gepäck wieder seelenruhig nach Hause?

Erst die Berliner Mauer setzte diesem Treiben Grenzen, wenngleich die engen Verbindungen zwischen Ost- und West-Berlin weiterhin von den Geheimdiensten genutzt wurden. Agentenaustausch auf der Glienicker Brücke zwischen Potsdam und West-Berlin, Agenten, die über den Bahnhof Friedrichstraße eingeschleust wurden, der große Lauschangriff von NSA und GCHQ *(Government Communication Headquarters)* auf dem Teufelsberg, Militärmissionen, die über den Checkpoint Charlie liefen, geheime Stasi-Quartiere, Radio *RIAS* und Lautsprecher-Propaganda am Grenzstreifen, – all das blieb bis zum Ende des Kalten Krieges bestehen.

Verewigt wurde diese Atmosphäre allgegenwärtiger Geheimdienste, umgeben von Militär am Puls des Weltkonfliktes, in der Spionage-Fiktion. Es ist, als hätte das Genre nur auf ein Setting wie Berlin gewartet. *Finale in Berlin, Funeral in Berlin*, Groschenromane über BND-Spione, die in die DDR übergelaufen waren, selbst filmische Meisterwerke wie *Der zerrissene Vorhang* von Großmeister Alfred Hitchcock sind aus diesem Stoff gemacht. John le Carré setzte der Spionagehauptstadt Berlin 1963 mit *Der Spion, der aus der Kälte kam (The Spy Who Came In from the Cold)* ein Denkmal.

Nach der Wende blieb die Kalter-Krieg-Atmosphäre teilweise bestehen, bis die Alliierten 1994 die Stadt verließen. Dann fiel Berolina in einen vermeintlichen geheim-

dienstlichen Dornröschenschlaf – aus dem sie umso plötz-
licher wach geküsst wurde. Denn mit der Snowden/NSA-
Affäre 2013 stand Berlin wieder im Fokus. NSA und Co. hatten Abhöranlagen auf den Dächern der amerikanischen
und britischen Botschaften im Herzen von Berlins Regie-
rungsviertel auf- und, sobald dies publik wurde, hastig wieder abgebaut. Hinzu kamen weitere spektakuläre Fälle: Ein
von der CIA gekaufter Beamter im BND hatte Listen mit
den Klarnamen von Agenten weitergegeben. Geheimdienstliche Mordversuche in russischen oder iranischen
Emigrantenmilieus wurden da fast schon zur Nebensache.
Und dann entführte der vietnamesische Geheimdienst
auch noch am helllichten Tag einen geflohenen Funktionär,
der in Deutschland politisches Asyl suchte – natürlich
nicht, ohne ihm zuvor eine kleine »Liebesfalle« gestellt zu
haben. Nicht nur die Medien, auch Geheimdienstvertreter
wie der damalige Verfassungsschutzpräsident Hans-Georg
Maaßen oder Politiker wie der Berliner Staatssekretär für
Inneres Thorsten Akmann sprachen öffentlich von der »europäischen Hauptstadt der Agenten«.

TV-Produzenten wollten den neuen-alten Berlin-Hype
nicht verpassen und brachten Serien über die Welt der Spionage in Berlin. Die gesamte fünfte Staffel der US-Serie
Homeland um die CIA-Agentin Carrie Mathison wurde in
Berlin gedreht. Das deutsche Familien-Epos *Weißensee*
handelt von einer Stasi-Familie vor und nach der Wende. In
Berlin Station sucht die CIA-Residentur in der US-Botschaft
am Pariser Platz vor dem Brandenburger Tor erst einen
Whistleblower in den eigenen Reihen und dann einen Terroristen bei den »neuen Rechten«. Und 2015 eröffnete auch

noch ein Spionagemuseum im Herzen der Stadt. Ein Ende ist vorerst nicht in Sicht. Der Mythos von Berlin als Hauptstadt der Spionage – er erfährt eine neue Blüte.

Mythos Nr. 30 – Wien, das bessere Berlin?

Oftmals in Vergessenheit gerät, dass Wien das Schicksal Berlins teilte: Nicht nur die Hauptstadt, sondern ganz Österreich war bis 1955 in vier alliierte Sektoren geteilt. In Wien gab es sogar einen von den Alliierten gemeinsam verwalteten Stadtbezirk. Hier standen sich der Westen und die Sowjetunion ebenfalls direkt gegenüber, allerdings ohne eine Mauer. Überläufer, Abhöraktionen und Entführungen waren auch in Wien an der Tagesordnung. Und wie in Berlin faszinierte diese Atmosphäre sogleich die Kino-Produzenten. Als hätte er eine spätere spektakuläre Geheimdienstaktion im Wien der 1950er-Jahre vorwegnehmen wollen, stieg Orson Welles im Klassiker *Der Dritte Mann* 1948 in die Kanalisation der Wiener Unterwelt.

Zwei legendäre Aufklärungsoperationen der CIA und des britischen SIS/MI6 in Wien und Berlin wiesen eine geradezu unverschämte Parallele auf: die Spionagetunnel. Hier war Wien der Vorreiter. 1948 fanden die Briten eine Schwachstelle im Kommunikationssystem der Roten Armee, die das alte Kupferkabel-Telefonnetz der Reichspost für die Verbindung mit Moskau nutzte. Die Kommunikation lief über eine Schaltzentrale, die unweit des britischen Sektors der Stadt lag. 1948 begann der britische Geheimdienst den Bau eines rund 20 Meter langen Tunnels, der bis zu den Telefonkabeln reichte. Bis 1952, und damit auch während des Korea-Krieges, hörten Briten und Amerikaner gemeinsam den Telefonverkehr der sowjetischen Zentrale in Wien mit Moskau ab – ohne dass die Sowjets etwas davon ahnten. Dann machte eine Straßenbahnlinie, durch deren Erschütterungen der Tunnel einstürzte, die Aktion zunichte.

Die »Operation Silver«, wie der CIA-Deckname lautete, diente als Vorbild für die »Operation Gold«: Kurzerhand verpflanzten CIA und SIS das in Wien so erfolgreich praktizierte Modell nach Berlin. Der MI6 schickte Peter Lunn, denselben Mitarbeiter, der bereits den Wiener Tunnel geplant hatte, nach Berlin. Der Berliner Tunnel hatte jedoch ungleich größere Ausmaße: Rund 450 Meter mussten zwischen Rudow im amerikanischen Sektor nach Alt-Glienicke im Osten gegraben werden. Ziel war das Hauptquartier der Sowjetischen Streitkräfte, dessen Telefonkabel teils nur einen halben Meter unter der Schönefelder Chaussee verliefen. 1954 wurde der Bau begonnen, 1955 war der Tunnel für elf Monate in Betrieb. Mehrere Hundert Mitarbeiter nahmen alle abgefangenen Gespräche auf und werteten sie bis 1958 aus. Diese Arbeit hätten sie sich wohl sparen können, denn das Tunnelprojekt wurde durch den großen sowjetischen Maulwurf im MI6 George Blake, der zu dieser Zeit in Berlin stationiert war, verraten. 1956 inszenierten DDR und Sowjetunion einen großen Medienrummel und machten die britisch-amerikanische Aktion öffentlich.

Ruhiger wurde es in Wien, nachdem die Sowjets die Hauptstadt 1955 zu »neutralem Gebiet« erklärten und räumten. Ruhiger – zumindest an der Oberfläche. Teilung und Militärpräsenz waren passé, aber die Spione blieben. Dafür gab es mehrere Gründe: Zum einen holte Österreich bereits in den 1970ern zahlreiche internationale Organisationen wie die Internationale Atomaufsichtsbehörde, die Organisation der Öl fördernden Länder OPEC oder die Organisation für Sicherheit und Zusammenarbeit in Europa OSZE ins Land – geheimdienstliche Aufklärungsziele mit hoher Priorität.

Zum anderen lag Österreich weiterhin an der Schnittstelle zwischen Ost und West, und zwar ohne Bündniszugehörigkeit. Ein idealer Ort für Agententreffs, Schleusungen, Schmuggel oder geheime Embargogeschäfte zwischen Ost und West. Die österreichische Regierung tolerierte geheimdienstliche Aktivitäten, solange bestimmte Grenzen nicht überschritten wurden. Ein Treffen der Ost-Geheimdienste mit einem Agenten aus Deutschland zum Beispiel war (und ist) nicht strafbar. Gleichzeitig kooperier(t)en die österreichischen Sicherheitsbehörden freimütig mit ihren westlichen Partnern. Nach dem Ende des Kalten Krieges gab Österreich mit dem EU-Beitritt Teile seiner Neutralität auf, die Voraussetzungen für Spionage veränderten sich dadurch jedoch kaum. 2010 fand der größte Agentenaustausch zwischen den USA und Russland seit dem Ende des Kalten Krieges auf dem Flughafen Wien Schwechat statt. Auch Wien wurde also erneut zu einer Hochburg der Spionage.

Mythos Nr. 31 – London, Paris, oder doch lieber Brüssel?

Und was ist mit anderen europäischen Hauptstädten wie Paris oder London? Zu Blütezeiten des British Empire und des französischen Kaiserreichs tummelten sich in beiden Städten sicher wesentlich mehr Spione, Agenten, Diplomaten, Nachrichtenhändler, Geheimgesellschaften und zwielichtige Gestalten als in der preußischen Hauptstadt. Nach dem Zweiten Weltkrieg jedoch änderte sich das. Weder Paris noch London lagen direkt an der Front des Kalten Krieges. Sowohl England als auch Frankreich kämpften gegen die Auflösung ihrer Weltreiche und mit schweren innenpolitischen Auseinandersetzungen. Nationale Politik stand im Vordergrund, was zwar auch von Interesse für die Spionageabteilungen der befreundeten und verfeindeten Staaten war, aber das Herz des weltpolitischen Konflikts schlug woanders. Mit der Etablierung internationaler Organisationen in Paris und London – ganz im Gegensatz zu Berlin – stieg natürlich auch die Präsenz von Geheimdiensten. 1971 zum Beispiel wies die britische Regierung in einem Schlag über 100 KGB-Mitarbeiter aus, die, als Diplomaten getarnt, in der Londoner Botschaft akkreditiert waren. Das lähmte die Arbeit des KGB über Jahre.

Eine andere Sache war, dass sowohl London als auch Paris bei (politischen) Emigranten aus dem Ostblock sehr beliebt waren. KGB und Co. verleitete dies zu mitunter haarsträubenden Aktionen. Der bulgarische Geheimdienst versuchte gleich in beiden Städten, unliebsame Dissidenten loszuwerden. In London schafften bulgarische Agenten es, den Schriftsteller Georgi Markov mit dem »bulgarischen Regenschirm« tödlich zu vergiften. In Paris versuchten sie es in der Metro auf dieselbe Weise bei Vladimir Kostov, der vom bulgarischen Geheimdienst zu den Franzosen übergelaufen war.

Hauptstädte der Spionage waren und sind jedoch weder London noch Paris. Ein anderer, eher unscheinbarer Kandidat hingegen steht ganz weit oben auf der Liste europäischer Spionage-Hotspots: das ehemals beschauliche Brüssel. Über die Jahrzehnte gewann nicht nur die EU, beziehungsweise ihre Vorgänger-Organisationen, an Bedeutung, sondern auch die NATO-Einrichtungen in der Stadt. Hinzu kommt ein doppeltes Botschaftswesen, denn in der belgischen Hauptstadt hat jedes Land eine eigene EU-Vertretung und eine normale Botschaft.

Die NATO war (neben den USA) einer der beiden Hauptfeinde des KGB und hatte damit absolute Priorität. Mit Rainer Rupp alias IM »Topas« von der DDR-Spionage HV A hatte der Ostblock auch eine überragende Spitzenquelle in der Schaltzentrale der NATO. In einem anderen spektakulären Fall wurde Herman Simm, estnischer Sicherheitsberater bei EU und NATO, wegen Militärspionage für Russland zu 12 Jahren Gefängnis verurteilt. Das war jedoch nur die Spitze des Eisbergs, denn an nachrichtendienstlichen Schattenkämpfen in der Stadt hat sich bis heute nur wenig geändert. Ganz im Gegenteil, die Bedeutung Brüssels für die Spionage hat seit 1990 weiter zugenommen. 2003 zum Beispiel entdeckten Sicherheitsleute Abhörvorrichtungen in den Übersetzerkabinen des damaligen EU-Ministerrats. Verdächtigt wurden die USA und Israel, bewiesen wurde nichts. EU oder NATO sind in Brüssel nicht nur Ziel der Spionage von Nicht-Mitgliedern wie Russland, China oder dem Iran, sondern auch von Verbündeten oder Mitgliedern wie den USA. Manchmal heißt es in der Spionage-Hochburg Brüssel schlicht und einfach: Jeder gegen jeden.

Mythos Nr. 32 – Geheimdienstfirmen

Quizfrage für alle Spionage-Freaks: Was steht auf James Bonds Visitenkarte? Die Antwort: Universal Exports Ltd. Universal: Hier wird alles verkauft. Export: Das geschieht international. Ltd: eine GmbH, also eine halbwegs vertrauenswürdige Unternehmensform. Bond-Erfinder Ian Fleming schuf einen glaubwürdigen fiktiven Deckmantel für den MI6. Doch was ist eigentlich dran an der Verbindung aus Geheimdienst und Firmen?

Der britische Auslandsgeheimdienst unterhielt ab 1948 nahe der Autobahn im Wiener Außenbezirk Schwechat ein unscheinbares Ladengeschäft mit englischen Tweed-Stoffen für den gut gekleideten Wiener der Nachkriegszeit. Im Hintergrund jedoch wurde von hier aus die Operation »Lord Silver« koordiniert: der Bau des legendären Tunnels, mit dem Briten und Amerikaner die Telefonkabel des sowjetischen Hauptquartiers anzapften. Kurios: Selbst in den kargen Jahren nach dem Krieg war die Nachfrage nach englischem Tweed im stets eleganten Wien so groß, dass der MI6 mit seiner Tarnfirma sogar Profit machte.

Ausschließlich um Profit ging es dem Konglomerat aus Firmen, das die Stasi ab den 1960er-Jahren bis zum Ende

der DDR unterhielt. »Bereich Kommerzielle Koordinierung« im Ministerium für Außenhandel, kurz »KoKo« –
wer hätte dahinter schon eine mit dem Geheimdienst ver-
flochtene Geldmaschinerie vermutet? Wo in dem Geflecht
von über 150 Gesellschaften, Tarn- und Briefkastenfirmen
die Grenzen zwischen Geheimdienst und Außenhandel
verliefen, war schwer zu entwirren. Betrug, Verstöße gegen
das Handelsembargo und höchst fragwürdige Geschäfte
wie der Export von Mangelwaren aus der DDR oder der Im-
port von Müll zur Endlagerung in der DDR waren an der
Tagesordnung. Offiziell sollte die Stasi das Unternehmens-
geflecht »absichern«, gegen westliche Spione oder »schäd-
liche Einflüsse«. Dazu wurden informelle Mitarbeiter angeworben und ließen sich berichten. Was sie zu hören
bekamen, konnte den hartgesottensten Genossen aus der
kommunistischen Bahn werfen, denn die Geschäfte, die da
im Namen des Arbeiter- und Bauernstaates abgewickelt
wurden, entsprachen ganz und gar nicht der sozialistischen Lehre. Die Firmen F. C. Gerlach oder G. Simon zum
Beispiel importierten für die Stasi und deren Auslandsspionage HV A »operative Technik« aus dem Westen, und die
Imes-Import-Export GmbH war für den verdeckten Waf-
fenexport aus der DDR in Kriegsgebiete im Nahen Osten,
Afrika oder Südamerika zuständig.

Beim BND ergab sich aus einem logistischen Problem
der alten Zentrale in Pullach ein kurioses Novum. Immer
mehr Mitarbeiter (zuletzt fast 6000) mussten zur Arbeit
gelangen, am besten natürlich unerkannt, was in einer
Gemeinde, die knapp 9000 Einwohner zählt, schwer zu be-
werkstelligen war. Also unterhielt der BND ein eigenes

Busunternehmen mit orange-grauen Mercedes-Bussen, die Heerscharen von Mitarbeitern an Bahnhöfen abholten und dorthin zurückbrachten. 1985 kamen die BND-Busse zu einem spektakulären Einsatz vor laufender Kamera: Auf der Glienicker Brücke zwischen West-Berlin und Potsdam fand der größte Agentenaustausch des Kalten Krieges statt: vier Ost-Agenten gegen 23 West-Agenten. Letztere stiegen, in den Aufnahmen des zufällig anwesenden MDR gut zu sehen, in einen Bus des BND.

Natürlich nutzt(e) der BND Firmen als Tarnung und zur Abwicklung geheimer Geschäfte. In Moskau zum Beispiel soll der BND nach Aussagen ehemaliger Stasi-Offiziere während des Kalten Krieges Deckung in der Lufthansa-Niederlassung gesucht haben, weil das Bonner Außenministerium den Geheimdienst nicht in der Botschaft haben wollte.

Beispiel Kongo: Hier sollte Mitte der 1960er-Jahre eine Aufklärungsbasis etabliert werden, damit der noch junge BND Fuß fassen und für Briten und Amerikaner als Partner präsent sein konnte. In der kongolesischen Hauptstadt Leopoldville eröffnete der BND zur Tarnung die Druckerei »Concordia«, in der heute die Nationalbibliothek sitzt. Stattliche fünfeinhalb Millionen D-Mark hatte BND-Präsident Reinhard Gehlen dafür veranschlagt. Am Ende musste das Geld als Verlust abgeschrieben werden, da die kongolesische Regierung die Druckerei wegen Ungereimtheiten in den Grundstücksverträgen kurzerhand verstaatlichte.

Im umkämpften Kosovo wurden 2008 drei BND-Mitarbeiter unter dem Vorwand verhaftet, sie hätten ein Bombenattentat auf den Premierminister geplant, und nach Deutschland abgeschoben. Vermutlich war ihre

Anwesenheit unerwünscht, weil sie zu penetrant über Verbindungen der kosovarischen Regierung zur Organisierten Kriminalität berichtet hatten. Ihr »Arbeitgeber« war die LCAS Logistic Coordination Assessments Service Hohenstein & Hagen GmbH, vorgeblich eine Beratungsfirma für deutsche Investoren – in Wirklichkeit die Deckung für mindestens drei BND-Mitarbeiter.

Über eine ehemalige Außenstelle mit dem Decknamen »Amt für Auslandsfragen« soll der BND in zahlreiche Firmen im Bereich automatischer Spracherkennung eingestiegen sein. Software dieser Art kann jeder Geheimdienst gut gebrauchen. Offiziell jedoch zeigt sich die Bundesregierung recht schmallippig, wenn es um nachrichtendienstliche Firmen geht. Auf eine Anfrage im Bundestag antwortete sie, die Nachrichtendienste unterhielten Tarnfirmen, diese zahlten keine Steuern und beschäftigten nur nachrichtendienstliches Personal. Alles Weitere unterliegt der Geheimhaltung.

Mythos Nr. 33 – Geheimdienstzentralen

Geheimdienstzentralen umgibt eine ganz besondere Aura: Geradezu mythisch stehen sie einerseits für das Image und die Bedeutung eines solchen Dienstes, andererseits ist alles dort »streng geheim« – ein öffentliches Gebäude für eine geheime Institution. Früher versteckten Geheimdienste ihre Hauptquartiere nicht nur hinter Tarnorganisationen, sondern auch hinter hohen Mauern. Moderne, demokratische Nachrichtendienste hingegen wagten den Schritt in die Öffentlichkeit – auch mit ihren Hauptquartieren. Zumeist verhielt es sich mit den Zentralen ohnehin wie mit Drogendealern und Freudenhäusern in einer Kleinstadt: Jeder wusste, wo und was sie waren, aber offiziell existierten sie natürlich nicht.

Wie so oft war der amerikanische Geheimdienst Vorreiter und Paradebeispiel. Die CIA-Zentrale in Langley, nur einen Steinwurf von Washington entfernt, wurde zu einem Synonym für die CIA. Doch bis 1960 residierte die CIA in Washington, denn die berühmten Betonklötze in Langley wurden erst 1959 gebaut und 1961 bezogen – für einen Geheimdienst zu Hochzeiten des Kalten Krieges ein großer Schritt in die Öffentlichkeit.

Die britischen Kollegen taten sich damit schwerer. In den Nachkriegsjahrzehnten waren MI5 und MI6 über London verstreut in 20stöckigen Bürohäusern von mäßiger Attraktivität untergebracht. Offiziell waren die Adressen streng geheim, doch kannte sie wohl jeder Londoner Taxifahrer. Erst nach dem Kalten Krieg, als in den 1990er-Jahren ein neues Zeitalter der Nachrichtendienste begann, zogen die drei britischen Geheimdienste MI5, MI6/SIS und der technische Aufklärungsdienst GCHQ in öffentlich bekannte Gebäude. Der MI5 bekam ein altes (allerdings sehr vorzeigbares) Gebäude im Herzen der Hauptstadt, für den MI6 und den GCHQ ließ die Regierung neue Zentralen errichten – Repräsentativbauten statt Deckadressen. Den MI6 zog es an die Vauxhall Bridge ans Ufer der Themse. Und nicht nur in der James-Bond-Verfilmung *Skyfall* von 2012 wurde die Zentrale unter schweren Beschuss genommen: Die IRA (Irish Republican Army) griff das Gebäude im Jahr

2000 mit einem Raketenwerfer an. Der Schaden war jedoch nur oberflächlich.

Symbolisch war auch, dass die Geheimpolizei der DDR nie den Gang in die Öffentlichkeit antrat. Seit den 1950er-Jahren wuchs die geheime »Stasi-Stadt« im Ost-Berliner Stadtteil Lichtenberg stetig. Gebäude mussten weichen, der gesamte Stadtteil wurde »stasi-fiziert« – eine andere Form der Gentrifizierung: Anwohner mussten zugunsten der Stasi-Mitarbeiter umziehen. Am 15.01.1990 wurde das Areal beim Protest der Bürgerbewegung gestürmt und besetzt. Die Archive der verhassten Geheimpolizei gingen erst in den Besitz der Bürgerkomitees über, dann in den der Stasi-Unterlagenbehörde.

Und der deutsche Bundesnachrichtendienst?

Mythos Nr. 34 – Pullach

Die »Organisation Gehlen« und der »alte« BND hatten gleichfalls eine mythische Zentrale: Pullach und BND wurden zum Synonym. Ohne den Auslandsnachrichtendienst hätten wohl die wenigsten je von der kleinen Gemeinde am Münchner Speckgürtel gehört.

Dass der Dienst dort landete, war den Umständen der Nachkriegszeit geschuldet. Als Gründungspräsident Gehlen sich der US Army und der CIA aufdrängte, wurde seine Organisation zunächst in einem Kriegsgefangenenlager und anschließend auf einem alten Jagdschloss der Familie Opel in der Nähe des Army-Stützpunktes in Oberursel bei Frankfurt am Main untergebracht. Dort wurde es jedoch bald zu eng, und um einen funktionsfähigen Dienst auf die Beine zu stellen, brauchte Gehlen natürlich auch eine Zentrale. Da die Organisation Gehlen unter amerikanischer Hoheit stand, kam nur ein Gelände im amerikanischen Besatzungssektor des Landes infrage, also irgendwo zwischen Alpen und Waldhessen. Die Wahl fiel auf die »Reichssiedlung Rudolf-Heß«, eine 1937 vor den Toren Münchens errichtete NS-Wohnsiedlung. Praktische Erwägungen wie Abgeschiedenheit oder Sicherheitsvorkehrungen gaben den Ausschlag für den Standort Pullach. Am 6. Dezember 1947 bezog die »Organisation Gehlen« dort Quartier, doch dass das »Camp Nikolaus« für fast 70 Jahre die Zentrale, auch des BND, werden sollte, hätte wahrscheinlich nicht einmal Gehlen selbst erwartet. In der »Feudalzeit« der »Organisation Gehlen« wohnten auch die Angehörigen der Mitarbeiter auf dem Gelände – unter Decknamen und mit Familienevents, bei denen die Amerikaner schon einmal einen Elefanten aus dem Zoo vorbeibrachten.

In Pullach wusste man so gut wie nichts über die Bewohner hinter den hohen Mauern. Denn dort wurde ein regelrechter Kult der Geheimhaltung gepflegt, wie er für Geheimdienste in dieser Zeit üblich war. Nach der Übernahme des BND durch die Bundesregierung 1956 wurde der Dienst nicht an den Regierungssitz nach Bonn geholt. Die räumliche Distanz war gleichermaßen ein Symbol für die persönliche und professionelle Distanz zwischen den beiden Institutionen. Als ein Untersuchungsausschuss in den 1970ern einen Umzug empfahl, prüfte man diese Empfehlung im BND und im Kanzleramt. Das Ergebnis war ernüchternd: Rund 10 Jahre Zeit und über 800 Millionen DM wurden veranschlagt – dazu wollten 46 % der BND-Mitarbeiter im Fall eines Umzugs den Arbeitgeber wechseln. 1978 wurden die Umzugspläne begraben.

Dass die Pullacher BND-Zentrale zu einem Mythos wurde, lag aber weniger an dem beschaulichen Ort, sondern vielmehr an der Geheimhaltung. 1964 erlaubte der alternde Präsident Gehlen zum ersten Mal TV-Aufnahmen vor dem riesigen Tor – und Dreharbeiten dahinter. Geschickt gesteuert trug die WDR-Dokumentation »Von Fremde Heere Ost zur Organisation« zum Mythos Gehlen, BND und Pullach bei.

Nach dem Mauerfall konnte die Öffentlichkeit in den Stasi-Dokumenten lesen, und aus dem Büro des berüchtigten Ministers für Staatssicherheit Erich Mielke wurde ein Museum. Die Pullacher BND-Zentrale hingegen blieb eins der am schlechtesten gehüteten Geheimnisse der späten Bonner Republik. Bis 1996 war der BND in Pullach »inkognito«. Erst dann ließ der neue Präsident Hansjörg Geiger den berühmten Schriftzug »Bundesnachrichtendienst« auf dem Einfahrtstor anbringen, stattete der Gemeinde Pullach offiziell einen Antrittsbesuch ab und lud Pressevertreter zum Gespräch – hinter den Mauern. Bis Außenstellen des BND, die sich hinter Unsinnsbehörden wie dem »Bundesamt für Befragungswesen«, der »Fernmeldeweitverkehrsstelle der Bundeswehr« oder dem »Ionosphäreninstitut« verbargen, auch offiziell kenntlich gemacht wurden, dauerte es übrigens bis 2014. Erst nach der Snowden/NSA-Affäre setzte sich BND-Präsident Gerhard Schindler sowohl intern als auch im Kanzleramt mit der Forderung durch, Einrichtungen des BND zur Funkaufklärung mit dem Schild »Bundesnachrichtendienst« zu schmücken.

Dass der Alltag einer Bundesbehörde dem Mythos nicht unbedingt entsprach, zeigte der Fotograf Martin Schlüter 2014 in seinem Bildband *Nachts schlafen die Spione* ebenso wie Martin Lukas Kim in der Fotodokumentation *UN-HEIMLICH – Der Bundesnachrichtendienst 1956–2016*. Die Pullacher BND-Zentrale war nicht mehr zeitgemäß – ein Mythos, der sich selbst überlebt hatte? So ganz wohl nicht, denn das Zentrum Technische Aufklärung bleibt in Pullach.

Mythos Nr. 35 – Der BND-Neubau in Berlin

Wie bei Behörden üblich, dauerte es auch mit dem Neubau der BND-Zentrale ein wenig länger. Erst unter dem rot-grünen Kanzler Gerhard Schröder, dessen Kanzleramtschef Frank-Walter Steinmeier 1999 einen Teilumzug des BND von Pullach an den neuen Regierungssitz in Berlin ankündigte, wurde ein Gesamtumzug geplant.

Jahrzehntelang hatten die BND-Vorderen über die Distanz zu ihrer Regierung geklagt, und nun, da die Regierung sie endlich in ihrer Nähe haben wollte, klagten die BND-Mitarbeiter in Pullach über den Umzug. Es soll Protestmärsche über den Hof der alten Pullacher Zentrale gegeben haben – natürlich in aller Stille. Genutzt haben sie nichts, denn die ersten Abteilungen zogen bald um, zunächst in die Garde-schützenkaserne im Berliner Süden. 2004 wurde das Berliner Architektenbüro Kleihues & Kleihues mit dem Neubau der BND-Zentrale beauftragt, 2006 erfolgte der erste Spatenstich auf dem Gelände des ehemaligen »Stadion der Weltjugend«. In fußläufiger Entfernung zu Kanzleramt, Reichstag und Berliner Hauptbahnhof gelegen, verändert die neue BND-Zentrale nicht nur die Architektur der Hauptstadt, sondern auch die Wahrnehmung des Dienstes: Nach dem ehemaligen Flughafen Tempelhof ist die BND-Zentrale mit 500 Hektar der zweitgrößte Gebäudekomplex der Stadt. 14.000 Fenster und ein öffentlich zugänglicher Trakt vermitteln gleichermaßen Präsenz und Transparenz. Exponierter könnte der Nachrichtendienst kaum liegen!

Ein Mythos war der Neubau bereits lange vor seiner Fertigstellung, nicht nur wegen der Lage und den Ausmaßen, sondern auch aufgrund einer langen Kette von Ereignissen: Abgesehen davon, dass manche die Architektur »faschistoid«, zu runenförmig oder zu machtzentriert fanden, machte die neue BND-Zentrale Schlagzeilen, weil sie sich in die Liste von Bauprojekten einreihte, die durch Hindernisse und öffentlich ausgeschlachtete Pannen glänzten. Die ursprünglich kalkulierten Kosten von 800 Millionen Euro stiegen auf rund 1,2 Milliarden, die Fertigstellung und damit der Umzug verzögerten sich immer wieder. Erst im Januar 2018 zogen mit fast zweijähriger Verspätung die ersten Abteilungen ein. Für noch mehr öffentliche Häme sorgte der Diebstahl eigentlich geheimer Baupläne, die im Internet veröffentlicht wurden. 2015 erlebte der BND dann ein buchstäbliches »Watergate«: Unbekannte stahlen auf der Baustelle Wasserhähne und Armaturen – und überfluteten so mehrere Stockwerke.

Dabei hatte der BND selbst nicht viel mit dem Bau zu tun. Eigentümer der Immobilie ist die BImA (Bundesanstalt für Immobilienaufgaben), Bauherr das BBR (Bundesamt für Bauwesen und Raumordnung). Der BND ist letztendlich nur Mieter. Aber wen kümmern solche Details, wenn der Geheimdienst weder die Baupläne seiner Zentrale noch Wasserhähne vor Diebstahl schützen kann?

Lange vor dem Einzug des Nachrichtendienstes in die neue Zentrale formierte sich Protest. Nachbarn befürchteten eine Veränderung der Gegend, es kam zu Demonstrationen vor dem Gelände und zur »Gegenüberwachung«. Ein ehemaliger Offizier der Stasi-Gegenspionage »observierte« die Baustelle und publizierte seine Ergebnisse. »IntellExit«, ein Aktivistenkollektiv, bot den BNDlern öffentlich ein Aussteigerprogramm an.

Doch die Faszination und der Mythos sind ungebrochen: 2016 war die BND-Zentrale am Tag der offenen Tür der Bundesregierung der mit Abstand meistbesuchte Ort in der »Hauptstadt der Spione«, und zur offiziellen Einweihung am 08.02.2019 sprach Bundeskanzlerin Merkel persönlich.

Klassiker

Mythos Nr. 36 – Mata Hari

Auf kaum eine Persönlichkeit in der Weltgeschichte der Spionage passt der Begriff des Mythos besser als auf Mata Hari. Seit über 100 Jahren ist sie eine Legende, ein Sinnbild für die anrüchige Verbindung aus Spionage, Verführung und Verrat. Ihr Künstlername wurde zum Markennamen, von Provinzbordellen bis zu Spirituosenherstellern wird noch heute mit dem Label »Mata Hari« geworben. Doch zieht man an ihrem Schleier, offenbart sich die Diskrepanz zwischen Realität und mythischer Aura.

Als Mata Hari 1905 in Paris auftauchte, wurde sie als exotische Tänzerin, die den modernen Striptease erfand, zum Sexsymbol. Ihren Namen hatte sie dem Indonesischen entlehnt, übersetzt bedeutet er Sonne. Auch ihre Tänze, mit denen sie Tausende Francs pro Abend verdiente, verkaufte sie als asiatische Kunst. Mata Hari verkehrte in den vornehmsten Kreisen, Salons und Hinterzimmern – ein Sinnbild der Belle Époque in der französischen Hauptstadt.

Ähnlich wie an ihrer späteren Karriere als deutsche Spionin, war schon an ihrer Karriere als Tänzerin nur wenig echt. Mit bürgerlichem Namen hieß sie Margaretha Geertruida Zelle und wurde weit entfernt von Asien als Tochter eines Hutmachers in der niederländischen Provinz Friesland geboren. Als Ehefrau eines schottischen Offiziers lebte sie von 1895 bis 1903 in Indonesien (damals Niederländisch-Ostindien). Nach ihrer Rückkehr entwarf sie ihre Legende als Tochter eines Brahmanen und einer Tempeltänzerin. Auf Java sei sie in »geheime, ayurvedische Tempeltänze« eingeweiht worden, so ihre Vermarktungsstrategie. Was ihren Darbietungen einen besonderen Reiz verlieh, war die langsame Entkleidung. Zahlreiche Affären und Liebschaften, bei denen nicht selten wertvolle Geschenke oder exorbitant hohe Zahlungen im Spiel waren, taten das Übrige. Tänzerin und Kurtisane (eine euphemistische Umschreibung für eine Edel-Prostituierte) – das war ihr Beruf.

Bald tourte sie durch halb Europa und sorgte für das Amusement von Bankern, Adligen, Militärs, Politikern und Künstlern. Doch ebenso wie für den ganzen Kontinent kam im Sommer 1914 mit dem Beginn des Ersten Weltkrieges auch für Mata Hari das böse Erwachen. Zunächst saß sie in Berlin fest. Engagements wurden abgesagt, ihre internationalen Verbindungen in mittlerweile untereinander verfeindete Länder schienen plötzlich höchst verdächtig.

Der klassische Mythos der Spionin Mata Hari, wie ihn die französische, deutsche und englische Propaganda noch während des Krieges verbreitete, war spätestens ab 1916 der einer bezahlten Spionin, die Frankreich im Auftrag der Deutschen ausspionierte. Der deutsche Konsul in den Niederlanden, Carl Cramer, habe sie angeworben und als Venusfalle eingesetzt, die ihre Liebhaber aushorchen und

kriegsrelevante Informationen an die Deutschen weitergeben sollte. So lautete auch die Version, die das französische
Kriegsgericht im Februar 1917 beim offiziellen Abschluss
des Falls verkündete – woraufhin Mata Hari zum Tod durch
Erschießen verurteilt wurde.

Wie schon am Mythos der Tänzerin war auch daran
manches wahr – und einiges nicht. 100 Jahre nach dem Prozess, nach der Freigabe sowohl der französischen und englischen wie auch der deutschen Akten wird eines klar: Margaretha Geertruida Zelle alias Mata Hari unterhielt bereits im
ersten Kriegsjahr Kontakte zu Geheimdiensten, nicht nur zu
deutschen, sondern auch zu französischen. Nachdem die
Deutschen sie angeworben hatten, wurde sie zur Doppel-
agentin für das französische Deuxième Bureau. Auch die britischen Geheimdienste wussten von ihr. Was sie von den
Deutschen erfuhr, gab sie an die Franzosen weiter – und umgekehrt. Besonders frappierend: Beiden Seiten erzählte sie
mehr Tratsch aus der High Society als wichtige Informationen. Dafür wuchsen ihre Honorarforderungen ins Uner-
messliche, von ihrem französischen Führungsoffizier ver-
langte sie beispielsweise einmal eine Million Francs. Es war
die Rolle ihres Lebens: Tänzerin, Kurtisane und Informantin.
Sie ließ sich von den Geheimdiensten aushalten, spielte geschickt mit Erwartungen, bauschte kleine Neuigkeiten und
Gerüchte auf und machte immer Hoffnung auf mehr.

Doch dann holte die bittere Realität des Krieges sie ein:
Die Franzosen stellten der deutschen Agentin »H 21«, so
Mata Haris Deckname, eine Falle. Deutsche Telegramme
hatten sie verraten, und bei der Übergabe von fingiertem
Informationsmaterial der Franzosen wurde sie verhaftet.

Es mutet seltsam an, dass die Deutschen nicht gewusst haben sollen, dass ihre Telegramme mitgelesen wurden. Auch sonst passt am Bild der Topspionin nicht viel zusammen. Am Ende wurde Mata Hari ihr eigener Mythos zum Verhängnis. Denn keine Seite hatte ein Interesse daran, dass die tatsächliche Bedeutungslosigkeit ihrer Spionagetätigkeit bekannt wurde. Die Franzosen brauchten dringend einen Erfolg, der öffentlich ausgeschlachtet werden konnte. Und die Deutschen störte es kaum, dass eine teure, nutzlose Agentin geopfert wurde, um das Bild eines mächtigen deutschen Spionagenetzes zu unterfüttern.

Auch im Tod bediente Mata Hari noch ihren Mythos: Mit nichts als einem Pelzmantel bekleidet soll sie ihren Todesschützen gegenübergetreten sein. Ohne Augenbinde, im finalen Moment den Mantel fallen lassend.

Mythos Nr. 37 – Der bulgarische Regenschirm

Bei jedem neuen Giftanschlag mit Geheimdiensthintergrund kommt früher oder später der Verweis auf eines der berühmt-berüchtigtsten Giftattentate der Weltgeschichte: Die Ermordung des bulgarischen Dissidenten Georgi Markov 1978 in London. Vergiftet wurde er durch eine winzige Kapsel, die das tödliche Nervengift Rizin enthielt und aus einem Regenschirm abgeschossen worden sein soll. Der »bulgarische Regenschirm« ist seitdem ein Synonym für Giftanschläge – und wurde zu einem Mythos des Kalten Krieges. Immerhin handelt es sich um einen Mythos, bei dem die grundlegenden Fakten weitgehend gesichert sind.

Markov war als Dichter in den 1960er- und 1970er-Jahren einer der Lieblinge des kommunistischen Regimes in Bulgarien. Doch dann fiel er durch seine Kritik am Steinzeitkommunismus von Staats- und Parteichef Todor Zhivkov in Ungnade. Markov setzte sich ins Ausland ab, arbeitete als Journalist für die Deutsche Welle, die BBC und den amerikanischen Sender Radio Free Europe – und griff Diktator Zhivkov persönlich an. Der sorgte dafür, dass seine Staatssicherheit Markov ganz oben auf die Liste der Staatsfeinde setzte. Entführung oder »Neutralisierung«, also Ermordung, waren das erklärte Ziel. Doch die im Inland gefürchtete, im Ausland aber wirkungslose Staatssicherheit kam nicht weiter. Also wandte sie sich an den großen Bruder KGB in Moskau. Zu jener Zeit fuhr KGB-Chef Juri Andropow eigentlich eine Keine-Morde-Politik, aber eine persönliche Bitte des bulgarischen Staatschefs konnte er nicht abschlagen. Der KGB sagte die Bereitstellung von Equipment und ein entsprechendes Training zu, wollte sich an der Durchführung aber nicht beteiligen. Zwei KGB-Techniker reisten nach Bulgarien, mit einem Arsenal an Giften und Mordwaffen im Gepäck. Der Plan war, Markov am Strand in Italien mit einer giftigen Sonnencreme einreiben zu lassen. Nach einigem Hin und Her entschied man sich aber für eine winzige metallische Kugel, die aus einem Regenschirm abgeschossen werden sollte. Die Kugel enthielt das Nervengift Rizin, das erst langsam nach dem Eindringen unter die Haut in den Körper strömen sollte – und gegen das es kein Gegengift gab. Wie es heißt, testeten die Agenten die Vorrichtung erst an einem Pferd, dann an einem zum Tode verurteilten Häftling. Das Pferd starb, der Häftling überlebte.

In dem angeworbenen Agenten Francesco Gullino fand die bulgarische Staatssicherheit einen willigen Mörder. Am 11. September 1978, dem Geburtstag seines größten Feindes Todor Zhivkov, wurde Markov vergiftet. Im Krankenhaus erinnerte er sich an den Zusammenstoß mit einem Unbekannten auf der Waterloo Bridge, der seinen Regenschirm aufhob. Nur einen Monat später berichtete ein weiterer Bulgare, der ehemalige Geheimdienstmitarbeiter Vladimir Kostov, der in Paris die Seiten gewechselt hatte, von einem ähnlichen Angriff: Die Ärzte entfernten ihm die gleiche, nur wenige Millimeter große Metallkugel aus dem Körper. Sein Glück: Die Kugel hatte sich nicht geöffnet, das Gift seine tödliche Wirkung nicht entfaltet. Er erinnerte sich an einen Mann, der in der Pariser Metro hinter ihm stand, an ein Zischen – und ebenfalls an einen Regenschirm.

Die Presse überschlug sich: Die Legende vom bulgarischen Regenschirm war geboren – der, wie die Enthüllungen eines beteiligten KGB-Oberst in den 1990er-Jahren zeigten, eigentlich »KGB-Regenschirm« hätte heißen müssen. Aber die Sowjets waren heilfroh, dass nicht sie, sondern die Bulgaren öffentlich den Kopf dafür hinhalten mussten. Einige Journalisten bezweifeln mittlerweile, dass es sich überhaupt um einen Regenschirm gehandelt hat, und führen andere mögliche Abschussvorrichtungen ins Feld. Warum aber der KGB-Oberst Oleg Kalugin das Attentat zugeben und dann wegen dieses Detail hätte lügen sollen, bleibt unklar. Obendrein kamen nach der Wende 1990 Gerüchte auf, im Keller des bulgarischen Innenministeriums seien noch einige Exemplare solcher Regenschirme gefunden worden. Einen Beweis dafür gab es jedoch nicht.

Geheimdienstliche Giftmorde haben immer eine spezielle mythische Wirkung, von der auch dieser Fall bis heute nichts eingebüßt hat.

Mythos Nr. 38 – Die Kennedy-Akten

Geheimdienste und das Attentat auf den 35. Präsidenten der Vereinigten Staaten von Amerika John F. Kennedy in Dallas 1963 – ein unerschöpfliches Thema, mit dem man ein ganzes Buch füllen könnte. Stellvertretend hier nur der aktuellste Mythos: die Freigabe der Kennedy-Akten.

1992 hatte eine Prüfungskommission des US-Kongresses eine letzte Sperrfrist von 25 Jahren für die Akten festgelegt. 2017 war es also so weit. Und Konspirateure jeglicher Couleur waren sich sicher: Dort lagen die Beweise für die vertuschte Verschwörung gegen Kennedy. Das waren natürlich hohe Erwartungen. Vor allem, wenn man bedenkt, dass es keinesfalls die gesamten Kennedy-Akten waren, um die es hier ging, sondern ungefähr 3000 Dokumente und Berichte der Warren-Kommission, die das Attentat im Auftrag des Kongresses untersucht hatte. Anders als der Rest der Unterlagen waren diese aus »Gründen der nationalen Sicherheit« immer wieder als Staatsgeheimnis deklariert worden.

2017 war das erste Amtsjahr des 45. US-Präsidenten, Donald Trump, der über die Freigabe entscheiden musste und großspurig (natürlich via Twitter) angekündigt hatte, er werde den Schleier des Geheimen lüften – um dann wieder zurückzurudern. Denn die Sicherheitschefs von CIA,

NSA, FBI sowie der Kongress mussten zustimmen. Und das dauerte.

Als die Akten endlich geöffnet wurden, wappneten sich die National Archives in Washington für den großen Ansturm und veröffentlichten die übergebenen Dokumente online. Vieles war dort zu finden, manches davon war sogar neu, zum Beispiel die Spur im Zusammenhang mit einem mysteriösen Anruf bei einer Zeitung in Großbritannien rund eine halbe Stunde vor dem Attentat.

Trotzdem fand sich auch in diesen Unterlagen keine Auflösung des Rätsels. Es waren viele Einzelberichte aus den Ermittlungen zu finden: Briefwechsel, Spuren, denen die Geheimdienste nachgegangen waren, in alle Richtungen, nach Kuba, Mexiko oder in die Sowjetunion. Aber es gab keine stichhaltigen Beweise für eine andere Theorie als die offizielle Oswald-Version, auch keine Anhaltspunkte, die auf eine Beteiligung der CIA oder anderer Geheimdienste hindeuten. Im Westen nichts Neues also. Könnte man meinen. Wäre da nicht – wie immer – ein kleines Hintertürchen gewesen: 2017 hatte Trump die CIA, das FBI und die NSA aufgefordert, innerhalb von sechs Monaten anzugeben, welche Unterlagen rund um das Kennedy-Attentat weiterhin die nationale Sicherheit gefährden könnten. Natürlich wurden die Dienste fündig – und ließen wiederum einige Dokumente mit einer neuen Sperrfrist belegen. Das betrifft zwar nur noch rund 200 der 3000 Dokumente, aber nun hört man Unkenrufe aus dem Verschwörungsmilieu: In genau diesen Akten ist dann aber endgültig die Wahrheit zu finden.

Wie die Freigabe der Akten zeigte, wird der Mythos um das Kennedy-Attentat und die Rolle der Geheimdienste vor allem durch die Geheimhaltung am Leben gehalten. Selbst Mitglieder der Kommission, die sich 1992 für eine Sperrfrist aussprachen, bezeichnen dies heute als Fehler. Wie so oft beflügelt Geheimhaltung die Fantasie. Kennedy selbst war von Mythen umgeben, um das Kennedy-Attentat ranken sich unzählige Mythen, und nun sind auch die Akten der Kennedy-Untersuchungskommission zum Mythos geworden.

Mythos Nr. 39 – Die RAF und die Stasi

Die »Rote Armee Fraktion« und ihre Ableger waren ab den 1970er-Jahren die größte terroristische Bedrohung in der Bundesrepublik Deutschland. Die RAF forderte »das System« und den Staat heraus, vermeintlich mithilfe der DDR und ihrer berüchtigten Staatssicherheit. Wurden die Linksterroristen vom Ostblock gesteuert?

Jahrelang ermittelten BND, Verfassungsschutz, BKA und die Staatsanwaltschaft in diese Richtung. Doch klare Spuren ließen sich nicht finden. Ein BND-Referat bekam den Auftrag zu überprüfen, ob zehn namentlich bekannte RAF-Mitglieder einen neuen Wohnsitz in der DDR gefunden hatten. Laut BND-Präsident Wieck durchkämmten sie die Telefonbücher – und fanden keinerlei passende Einträge. Doch immer wieder reisten Terroristen unter falschem Namen über das geteilte Berlin ein und aus, danach verlor sich ihre Spur. Als 1989 die Mauer fiel, kam vieles über die »Stasi-RAF-Connection« ans Tageslicht, und noch vor der Wiedervereinigung im Oktober 1990 machten Journalisten einzelne RAF-Mitglieder, unter falschem Namen wohnhaft in der DDR, ausfindig – der endgültige Beweis? Was dann kam, waren Jahre des mühseligen Aktenstudiums, der Zeugenbefragungen und Nachforschungen. Das Ergebnis: Die Stasi hatte engen Kontakt zu vielen Linksterroristen und unterstützte sie. Doch sie gab weder Attentate in Auftrag, noch rüstete sie die Terroristen aus. In Wahrheit waren die Beziehungen viel komplizierter:

Für die Stasi waren die Linksterroristen verdächtig, da ihre Überzeugungen nicht in die Schablonen der Ost-Berliner Dogmatiker passten. Also galt es, Informationen über sie zu sammeln, um ihre Ziele zu verstehen. Das führte dazu, dass die Stasi inoffizielle Mitarbeiter auf sie ansetzte und Abhörvorrichtungen installierte. Der Kontakt kam jedoch dadurch zustande, dass Terroristen wie Ulrike Meinhoff selbst bei den Berliner Grenzstellen anklopften, weil sie über Ost-Berlin ins Ausland reisen wollten. Sie wurden ausgiebigen Befragungen unterzogen, die Stasi sah ideologische Überschneidungen, stand den Methoden der RAF und der Ablehnung der sozialistischen Partei aber skeptisch gegenüber. /

Als Till Meyer, einer der Anführer der »Bewegung 2. Juni«, einer linksterroristischen Terrorgruppe aus West-Berlin, 1978 am Schwarzen Meer in Bulgarien vom BKA verhaftet wurde, tobte Minister Mielke: Über die Taktik des Kampfes gegen »die Imperialisten« könne man mit den Terroristen vielleicht unterschiedlicher Meinung sein, aber die Geistesbrüder an ebenjene Imperialisten ausliefern, das dürfe man nie.

Das Credo der Stasi lautete: Informationen abschöpfen, Durchreise genehmigen, jegliche Aktivitäten in der DDR verhindern und ansonsten unbehelligt lassen. Die DDR wurde für die abgetauchten Terroristen zum Drehkreuz. Über den Flughafen Berlin-Schönefeld reisten sie in alle Welt, beispielsweise zum militärischen Training im Nahen Osten. Auch konnten sie sich in der DDR vom andauernden Druck durch die Fahndungen erholen. Im »Objekt 74« der Stasi, einem abgesicherten Forsthaus mit Waldgrundstück bei Frankfurt an der Oder nahe der polnischen Grenze, konnten Terroristen eine Pause einlegen – und wurden auf dem dazugehörigen Schießstand von Stasi-Spezialisten trainiert.

Die Unterstützung beschränkte sich nicht allein auf Schießtraining: Johannes Weinrich, ein Helfer des international gesuchten Top-Terroristen »Carlos« (Illich Ramirez Sanchez) reiste aus dem Nahen Osten mit Sprengstoff und einer Schusswaffe im Gepäck nach Ost-Berlin. Bei der Einreise wurde ihm beides abgenommen, bei der Ausreise nach West-Berlin jedoch ohne Umstände wieder ausgehändigt. Dort verübte er sogleich ein Bombenattentat auf das französische Kulturzentrum, wobei ein Todesopfer zu beklagen war. Spätestens hier hatten DDR und Stasi ihr Verständnis von passiver Unterstützung der Linksterroristen sehr weit ausgedehnt.

Der bekannteste Fall jedoch war ein anderer: 1980 beziehungsweise 1982 wurden 10 RAF-Terroristen in der DDR aufgenommen. Getrennt und unter falschen Namen, jeder ab sofort inoffizieller Mitarbeiter der Stasi. Unscheinbar lebten sie in der DDR-Provinz, bis 1986 im Westen ein erster Hinweis einging, die ehemalige RAF-Terroristin Susanne Albrecht sei in der DDR gesehen worden. Weitere vier

Jahre hielten die DDR und die Stasi die Namen und Aufent-
haltsorte geheim, doch im Juni 1990 wurden alle zehn verhaftet.

Gesponsert, angestachelt, kontrolliert oder gelenkt hat
die Stasi die RAF und andere Linksterroristen nicht. Unterstützt hat sie sie jedoch auf vielen Wegen, mitunter straf-
rechtliche und moralische Schuld auf sich geladen.

Mythos Nr. 40 – AIDS ist eine künstliche amerikanische Biowaffe

Als sich AIDS in den 1980er-Jahren mit rasanter Geschwindigkeit ausbreitete, Ursprung und Verlauf der Krankheit jedoch noch relativ unbekannt waren, gab das Forschern,
Behörden, Medien und der Öffentlichkeit Rätsel auf. Hinzu
kamen die internationalen Spannungen zwischen den Blö-
cken im Kalten Krieg. Ein idealer Nährboden für krude Verschwörungstheorien.

1983 erschien zum ersten Mal in der indischen Zeitung
Patriot ein Artikel über den AIDS-Virus: Er sei kein natürli-
cher Virus, sondern von der US-Army in einem Labor im
benachbarten Pakistan hergestellt worden. Der *Patriot* lieferte keine Beweise – und war eine vom KGB finanzierte
Zeitung. Reaktionen blieben vorerst aus. Doch 1985 suchte
der KGB Unterstützung für eine Kampagne gegen die USA –
und fand sie in Ost-Berlin. Sprachrohr wurde der sowje-
tisch-ostdeutsche Biologe Jakob Segal, der seit den 1950er-
Jahren IM der Stasi und des KGB war und dabei auch schon
einmal die Exekution missliebiger Kollegen vorschlug.

Segal baute ein relativ simples Konstrukt auf, das (pseudo-)biologische und politische Argumente vermischte. Das Virus sei in den Labors des US-Militärs in Fort Detrick, Maryland, hergestellt und an Gefängnisinsassen und Minderheiten wie Homosexuellen und Einwanderern getestet worden. Dass AIDS-Vorläufer über die grüne Meerkatze in Afrika auf den Menschen übergegangen waren, bezeichnete er als rassistische Theorie der USA. Damit fand er zahlreiche Anhänger auf der ganzen Welt. Seine Publikationen durften in der DDR, wo sich AIDS ebenfalls seit Mitte der 1980er-Jahre ausbreitete, jedoch nicht veröffentlicht werden. Also verbreitete er sie mithilfe des KGB und der DDR-Aufklärung HV A in der Bundesrepublik, Afrika und Asien.

Auch in der Bundesrepublik fand Segals These Anhänger, vor allem unter Vertretern antiamerikanischer linker Strömungen. Die West-Berliner Zeitung *taz* veröffentlichte 1987 ein Interview des DDR-Schriftstellers Stefan Heym mit Jakob Segal. Ein Redakteur der *taz*, Kuno Kruse, griff 1987 in seinem Buch *Aids – Erreger aus dem Genlabor? Die Diskussion der rätselhaften Herkunft der Krankheit, die die Welt bedroht* ebenfalls Segals These auf. Anfang der 1990er-Jahre leistete die *taz* Abbitte für die Desinformation, der sie aufgesessen war – und wählte die AIDS-Verschwörung auf Platz 2 der 21 größten Verschwörungstheorien.

Im WDR lief 1989 ein Dokumentationsfilm von Heimo Claaßen und Malte Rauch: *AIDS: Die Afrika-Legende* (Engl.: *Monkey Business: AIDS, the Africa Story*). Das Herzstück waren Interviews mit Segal und seiner Frau und mit anderen AIDS-Leugnern auf der ganzen Welt. Die zentrale These: Fort Detrick als Ursprung von AIDS.

Das Ende des Kalten Krieges bedeutete zwar ein Ende der Kampagne in Europa, nicht jedoch in Afrika oder Asien. Selbst Enthüllungen des ehemaligen Chefs der KGB-Spionageabteilung Jevgenij Primakov oder von HV-A-Offizieren konnten nicht verhindern, dass die AIDS-Verschwörungstheorie weiter verbreitet wurde. Mit den zunehmenden Spannungen zwischen Russland und dem Westen wurde der AIDS-Mythos wiederbelebt, und seine Wirkung ist in antiamerikanischen Kreisen der islamischen oder afrikanischen Welt ungebrochen. Der ehemalige südafrikanische Präsident Thabo Mbeki war einer der prominentesten Verfechter dieser Theorie. Die AIDS-Verschwörung ist ohne Zweifel einer der gefährlichsten Geheimdienstmythen überhaupt!

Mythos Nr. 41 – X-Akten, Aliens und Remote Viewing

Nicht selten werden Geheimdienste und »übernatürliche Phänomene« miteinander in Verbindung gebracht. Geheim und supergeheim, das muss einfach irgendwie zusammenpassen, und wenn jemand etwas von Außerirdischen weiß, dann ja wohl die Geheimdienste. Eine der beliebtesten TV-Serien der 1990er-Jahre – »Akte X« – trug ihren Teil dazu bei. Noch heute fühlt sich das FBI dazu genötigt, die Existenz von »X-Akten« in die Top Ten der größten Mythen aufzunehmen. Das FBI führt den weitverbreiteten Glauben an X-Akten auf ein – laut FBI gefälschtes – Memorandum über die *Operation Majestic 12* zurück, in dem 1988 der

Absturz eines UFOs in der Wüste von Roswell, New Mexico, und die Vertuschung durch das FBI geschildert wurde.

Andererseits – und das verschweigen FBI, CIA und Co. nur allzu gern – übte das Paranormale im Kalten Krieg einen großen Reiz auf Geheimdienste aus. Allerdings nicht, um der eigenen Bevölkerung etwas zu verschweigen, sondern, um drei grundlegenden Bereichen der Geheimdienstarbeit Rechnung zu tragen: Informationen zu sammeln, Personen ausfindig zu machen und Waffen herzustellen oder Aufklärung darüber zu betreiben.

Mit UFOs und Außerirdischen hatte das allerdings wenig zu tun. Tatsächlich machten in der US-amerikanischen *Intelligence Community* spätestens in den 1970er-Jahren Gerüchte die Runde, die Sowjetunion experimentiere mit paranormalen Phänomenen. Wie viel Wahrheit dahinter steckte, ist bis heute ungeklärt. Teilweise handelte es sich wahrscheinlich um gestreute Desinformation. Nichtsdestoweniger mussten die US-amerikanischen Dienste jeden Hinweis auf außergewöhnliche sowjetische Waffen ernst nehmen. Und natürlich war das eine sehr gute Begründung, um finanzielle Mittel für ein eigenes Programm anzufordern: das *Stargate*-Projekt, das CIA, US Army und DIA (Defense Intelligence Agency) über Jahrzehnte betrieben. Vor der Öffentlichkeit wurde das Programm geheim gehalten, berichtet wurde halbjährlich an Senat und Kongress.

Die übernatürlich-geheimdienstliche Arbeit bestand aus Tests mit bis zu 22 Hellsehern, deren Fähigkeiten überprüft, dokumentiert und gelenkt wurden. Der Ausdruck *remote viewing*, also »entferntes Sehen« oder »Sehen über Entfernung«, war ein Schlüsselbegriff. In den 2000er-Jahren machte der Film *Männer, die auf Ziegen starren* diese skurrile militärische Forschung zum Thema.

Einer dieser Tests lief so ab: Die Hellseher sollten herausfinden, an welches Objekt ein Mitarbeiter im Nebenraum, der wahllos Begriffe in Lexika nachschlug, gerade dachte, und dieses Objekt sofort auf Papier zeichnen. In einzelnen Fällen wurden vielversprechende Kandidaten auch vor die Aufgabe gestellt, Entführungsopfer kraft ihrer Gedanken aufzuspüren. 1973 war einer dieser speziellen Probanden der später populäre israelische Hellseher Uri Geller. Dabei bestätigte die CIA Geller eine »paranormale Wahrnehmungskraft«. In über 65 Prozent der Tests hatte er richtiggelegen – und wirbt heute mit seinem »Geheimdienst-Gütesiegel«.

CIA-geprüfte Hellseher hat das Stargate-Projekt also hervorgebracht, ansonsten aber wurden keine nennenswerten Ergebnisse erzielt. Die CIA beauftragte das American Institute for Research mit einer Evaluierung, laut der Versuchspersonen und Experimente in keinem einzigen Fall ein nachrichtendienstlich verwertbares Resultat erbracht hatten. Daraufhin stellte die CIA das Programm 1996 ein. Der Kalte Krieg war vorbei, und mit ihm die Bereitschaft, Millionen Dollar in möglicherweise militärisch nutzbare Parapsychologie zu investieren.

Der Zweite Weltkrieg und die Folgen

Mythos Nr. 42 – Stalins Agenten informierten nicht über Hitlers Angriff

Am 22. Juni 1941 überfiel Nazi-Deutschland ohne Vorwarnung die Sowjetunion (»Unternehmen Barbarossa«), innerhalb weniger Wochen stießen deutsche Truppen fast bis Moskau vor. Bis heute wird von einem überraschenden Angriff gesprochen, über den die Sowjetunion und Stalin nicht informiert waren. Auch dabei handelt es sich um einen Mythos aus der Welt der Spionage.

Denn Stalins Agenten im Ausland hatten vor einem deutschen Angriff gewarnt. Jahrzehntelang mussten die Fakten in der Sowjetunion geheim gehalten werden, damit der staatstragende Mythos um Stalins Leistungen im Zweiten Weltkrieg keine Kratzer bekam. Doch Stalin hatte versagt.

Mehrere Agenten – Deutsche, wie sie unterschiedlicher nicht hätten sein können – hatten dringende Informationen über den deutschen Angriff an die Sowjets gegeben. Einer von ihnen war der preußische Polizeibeamte Willi Lehmann. Nach einer Karriere bei der Berliner politischen Polizei stieg Lehmann erst in Hermann Görings geheimer Staatspolizei Gestapo auf und trat anschließend auch in die SS Heinrich Himmlers ein. Bereits 1929 bot er sich der sowjetischen Botschaft in Berlin als Agent an. Fortan lieferte er unter dem Kürzel »A-201« Informationen aus den deutschen Polizeidiensten, über Kommunisten auf den Fahndungslisten, über den Aufstieg und die Intrigen der Nationalsozialisten. Als der Ingenieur und spätere Vater der bemannten Raumfahrt Wernher von Braun erste Raketenexperimente durchführte, war Lehmann dabei. Mit der Zeit stieg seine Abscheu gegenüber den Kollegen, aber den Dienst quittierte er nicht. Mit einem zweiten Monatsgehalt ließ sich Lehmann seine Dienste als Spitzel von den Sowjets bezahlen.

Ab Anfang 1941, nachdem der zwischenzeitlich unterbrochene Kontakt wiederaufgenommen war, lieferte Agent »Breitenbach«, wie Lehmann nun genannt wurde, erste Informationen über Kriegsvorbereitungen der Deutschen. Am 19. Juni, zwei Tage vor dem Überfall, traf sich Lehmann erneut mit seinem Führungsoffizier und meldete das genaue Datum und die Uhrzeit des bevorstehenden Angriffs: 22. Juni, 3:00 Uhr morgens. Diese Information ging sofort nach Moskau.

Dort kam sie sicherlich manchen Leuten bekannt vor. Denn ein anderer sowjetischer Top-Agent aus Deutschland hatte ähnliche Neuigkeiten vermeldet. Richard Sorge, Kommunist und sowjetischer Agent der ersten Stunde, war seit den 1930er-Jahren in Japan stationiert. Als angeblicher deutscher Journalist verkehrte er in erlesenen Kreisen. Das japanische Kaiserreich war einer der größten Verbündeten von Hitler-Deutschland. Über seine Kontakte zur deutschen Botschaft in Tokio erfuhr Sorge von Angriffsplänen gegen die Sowjetunion. Sofort setzte er sich an sein Funkgerät und meldete alles nach Moskau. Noch im selben Jahr wurde er von den Japanern verhaftet. Aber als die Japaner Stalin einen Agentenaustausch vorschlugen, antwortete dieser: »Ich kenne keinen Richard Sorge.« Drei Jahre später wurde einer der größten deutschen Spione gehenkt.

Wäre es nach dem größten sowjetischen Diktator gegangen, hätte die Wahrheit nie ans Licht kommen dürfen. Er selbst hatte alle Warnungen vor einem deutschen Angriff in den Wind geschlagen. Neben Sorges und Lehmanns Meldungen gingen auch von Mitgliedern einer von der Gestapo als »Rote Kapelle« bezeichneten Spionagezelle um die Berliner Ministerialbeamten Harro Schulze-Boysen und Arvid Harnack Meldungen in Moskau ein. Doch als Stalin von seinem Staatssicherheitskommissar vor einem unmittelbar bevorstehenden Angriff gewarnt wurde, wünschte der sowjetische Diktator sie alle zum Teufel. Fortan befanden sich sämtliche Mitarbeiter des Sicherheitsapparates, die unangenehme Nachrichten brachten, in höchster Lebensgefahr.

Mythos Nr. 43 –
Die Nazis hatten keine jüdischen Agenten

Die Verbindung klingt bereits abwegig: NS-Geheimdienste und jüdische Spione? Durch die von den Nazis angestrebte Vernichtung alles Jüdischen in Europa scheint in der Retrospektive auch so etwas wie ein jüdischer NS-Spion absolut unmöglich.

Und doch gab es (mindestens) einen: Richard Kauder, Immobilienmakler aus Wien. 1940 wurde er als »Volljude« verhaftet, hatte jedoch Glück. Ein Freund seines Vaters aus den Schützengräben des Ersten Weltkriegs war seit dem »Anschluss« Österreichs Chef der »Abwehr«, des Spionagedienstes der deutschen Wehrmacht. Oberst Rudolf von Marogna-Redwitz rettete Kauder vor dem sicheren Tod, indem er ihn als Spion mit dem Decknamen »Klatt« anwarb. Aus Wien wurde Klatt in die bulgarische Hauptstadt Sofia geschickt, um einen Agentenring zu leiten, der dem »Luftmeldekopf Südost« Berichte über die Rote Armee und Neuigkeiten aus dem Nahen Osten funkte. Nach seiner Lieblingsgeschichte von Wilhelm Busch nannte Klatt diese Funksprüche »Max-Meldungen«, wenn es um Nachrichten über die Sowjetunion ging, und »Moritz-Meldungen«, wenn sie den Nahen Osten betrafen. Seine Hauptquelle war der Exilrusse Longin Ira, den er zuvor im Gefängnis in Budapest kennengelernt hatte. Die »Max und Moritz«-Meldungen erreichten bald die höchsten Kreise der deutschen Wehrmacht. Der Leiter der Heeresaufklärung »Fremde Heere Ost« und spätere BND-Präsident Reinhard Gehlen hielt große Stücke auf Klatt.

1943: Selbst Hitler hatte von Klatt gehört – und verbot daraufhin allen deutschen Geheimdiensten, mit Juden zu arbeiten oder sie anzuwerben. Reinhard Gehlen hingegen hielt Kauder für seine beste und lebenswichtigste Quelle für Informationen über die Rote Armee. Einen solchen Agenten wollte er nicht verlieren, auch wenn es sich »nur« um »den Juden Klatt« handelte, wie der Agent intern genannt wurde. Darum griff er auf einen Trick zurück: Den deutschen Diensten war es untersagt, jüdische Agenten zu führen, aber die deutschen Vasallen in Europa konnten damit durchkommen. Also brachte Gehlen den ungarischen Aufklärungsdienst dazu, Klatt als Agenten anzuwerben. Nur gingen die Informationen eben weiterhin an ihn.

Klatts Agentenring war unersetzlich geworden, doch seine Nachrichten hatten einen Makel, von dem niemand wusste: Sie waren Falschmeldungen. Aufgrund ihres durchaus bemerkenswerten Wissens über die Rote Armee und deren Militärstrategie sowie zahlreicher Gespräche mit redseligen Beamten und Diplomaten in Sofioter Nachtklubs, hatten Ira und Kauder sämtliche Meldungen erfunden. Die Analysefähigkeit der beiden war so gut, dass Abwehr und Wehrmacht bis zum Schluss alles, was von Kauder alias Klatt gefunkt wurde, begierig aufnahmen – nicht zuletzt deswegen, weil Klatt und Ira wussten, was man gern hören wollte.

1943 wurde es jedoch zu heiß für Klatt. Er reiste über Sofia nach Budapest und 1944 schließlich weiter nach Salzburg, wo ihn die endgültige Niederlage Hitlers nur um wenige Wochen vor dem Tod bewahrte.

Das Ende des Krieges bedeutete jedoch nicht das Ende des Agenten Klatt. Der größte Fan der Max-und-Moritz-

Meldungen, Reinhard Gehlen, arbeitete als Chef der »Organisation Gehlen« und des späteren BND 1947 wieder in der Spionage gegen die UdSSR, diesmal im Auftrag der US Army und der CIA. Seinen Agenten Klatt wollte er unbedingt reaktivieren, doch seine amerikanischen Dienstherren, die große Zweifel an der Integrität des Agenten hatten, untersagten es ihm. Noch während des Krieges hatten die britischen Codeknacker um Alan Turing ja die deutsche Kommunikation entschlüsselt, von daher kannten sie die Max-Meldungen über die damals noch verbündete Rote Armee – und wussten, dass sie nicht stimmten. Beim sowjetischen Geheimdienst hingegen hatte man nur vom sagenhaften Agenten Klatt gehört, der Informationen weitergab. Die Sowjets sannen auf Rache und versuchten mehrfach, Richard Kauder in Salzburg zu entführen. Doch auch ihnen sprang Klatt von der Schippe.

Sein Lebensende war jedoch alles andere als glamourös. Völlig verarmt starb Richard Kauder 1960 in Salzburg. Der Agent Klatt war eine der schillerndsten Figuren der Weltkriegsspionage, dabei hatte er seine Informationen erfunden, um die große Barbarei des 20. Jahrhunderts irgendwie zu überleben.

Mythos Nr. 44 – Der israelische Mossad und die Jagd auf Nazi-Verbrecher

Garibaldi-Landstraße kurz hinter der Stadtgrenze von Buenos Aires, Argentinien, 11. Mai 1960, 20:05 Uhr: Señor Ricardo Klement steigt aus dem Bus Nr. 203. Er kommt von der

Arbeit im Mercedes-Werk. Nach ein paar Metern spricht ihn ein vor einem Wagen kniender Mann an: »*Momentito, Señor...*« Ehe Ricardo Klement sich versieht, zerren ihn drei Männer in das Auto und brausen mit ihm zu einer Villa am anderen Ende der Stadt. Nur wenige Stunden später fügt sich Ricardo Klement in sein Schicksal: Er gibt zu, dass sein wahrer Name Adolf Eichmann ist. Seine Entführer, drei Männer, eine Frau und ein begleitender Arzt, allesamt Spezialagenten des israelischen Auslandsgeheimdienstes Mossad, schmuggeln ihn aus Argentinien nach Israel, wo Eichmann der Prozess wegen der Deportation und Vernichtung der Juden durch Nazi-Deutschland gemacht wird.

Die von Ministerpräsident Ben-Gurion angeordnete Entführung Adolf Eichmanns, die der damals noch junge Mossad ohne Basis in Argentinien, ohne Unterstützung, ohne Waffen und nahezu lautlos durchführte, stand für die erfolgreiche Jagd auf NS-Verbrecher. Diese Aktion war ein deutliches Signal: Wir kriegen sie, egal wo sie sich verstecken! Doch in einer dreibändigen Studie, die der Mossad selbst in Auftrag gab und die 2017 unter dem Titel *Die Jagd nach Nazi-Kriegsverbrechern* (bislang ausschließlich auf Hebräisch) veröffentlicht wurde, kam der Historiker Yossi Chen zu folgendem Ergebnis: Die jahrzehntelange Suche ergab nur drei Volltreffer.

Bis 1989 hatte der Mossad die Verfolgung von NS-Verbrechern auf der Agenda. Doch laut der Fahndungsliste, die Mossad-Chef Meir Amat 1963 erstellen ließ, als Eichmann bereits hingerichtet war, hatte der Mossad »nur« zehn NS-Schwerverbrecher im Visier.

Eichmanns Mitarbeiter Alois Brunner wurde in Damaskus aufgespürt und sollte durch Briefbomben getötet werden. Brunner verlor ein Auge und mindestens einen Finger, überlebte jedoch und verstarb erst im hohen Alter in Damaskus. Heinz Krug, ein eher unbedeutender Mitarbeiter in Hitlers Raketenprogramm in Penemünde, wurde 1962 aus München entführt, nach Israel gebracht, dort verhört und getötet. Allerdings hatte es der Mossad nicht nur wegen seiner NS-Vergangenheit auf Krug abgesehen, sondern weil er Ägyptens Raketenprogramm unterstützte.

Klaus Barbie, der Schlächter von Lyon, und Walter Rauff, Gruppenleiter im Reichssicherheitshauptamt, sollten 1980 zeitgleich entführt oder getötet werden. Die Versuche schlugen trotz guter Planung fehl. Bei Rauff scheiterte die Aktion, weil sein bellender Schäferhund Aufmerksamkeit erregte und die Agenten die Aktion abbrechen mussten. Daraufhin wurde auch die Entführung Barbies abgebrochen, da es für den Mossad entscheidend war, diese beiden Aktionen synchron durchzuführen.

Der lettische Nazi-Helfer Herberts Cukurs, der in Riga für den Tod von über 30.000 Juden verantwortlich war, wurde von dem Mossad-Agenten Jakoov Meidad alias »Anton Künzle« aus Sao Paulo nach Montevideo gelockt und dort erschossen. Die genauen Umstände blieben unklar. Bei der misshandelten Leiche wurden Dokumente über Cukurs Verbrechen und ein Bekennerschreiben »Derer, die nie vergessen« hinterlassen, woraufhin vermutet, aber erst 2017 durch die Mossad-Studie bestätigt wurde, dass es sich bei den Tätern um Mossad-Agenten gehandelt hatte.

In der Regel beschäftigten sich mit der Jagd auf Nazi-Verbrecher aber auch nur eine Handvoll Mitarbeiter. Denn durch den Existenzkampf des kleinen Landes Israel hatte der Auslandsgeheimdienst dringendere Aufgaben in Ägypten, im Irak, im Iran und gegen Hisbollah oder Hamas. Überschnitten sich allerdings die Aufgaben, wie im Fall des Raketenbauers Heinz Krug oder bei Alois Brunner, der den syrischen Geheimdienst beriet, änderte das die Prioritäten.

1968 stoppte Premierminister Levi Eshkol die vom Mossad-Chef als »Gespensterjagd« bezeichnete Suche. Nur nach Hitlers Sekretär Martin Bormann und nach Josef Mengele wurde weiter gefahndet. 1977 wurde das Programm wieder hochgefahren. Rauff, Barbie und Mengele standen im Zentrum der Suche. Hinweise zu den drei Nazi-Verbrechern kamen ausgerechnet von *Stern*-Journalist Gerd Heidemann, der später den gefälschten Hitler-Tagebüchern aufsaß. Bei Mengele, der 1979 in Brasilien beim Baden starb, kam der Mossad letztlich zu spät.

Die beiden österreichischen Nazis Ernst Lerch und Franz Murer, die maßgeblich an der Vernichtung der Juden in Osteuropa beteiligt gewesen waren, machte der Mossad ausfindig und kundschaftete die Umgebung aus, bis Yitzhak Zommer, Leiter einer Spezialeinheit bei Mossad-Chef Schavit ihre Exekution beantragte. Doch Schavit lehnte den Plan 1989 mit dem Verweis auf »diplomatische Verwicklungen« ab. Unter dem Strich standen die Entführung Eichmanns, die Tötung Cukurs und die Verletzung Alois Brunners. Es ist also ein Mythos, dass der Mossad bei der Jagd auf Nazis besonders erfolgreich war.

Mythos Nr. 45 –
Reinhard Gehlen. Von Hitlers Spionagegeneral
zum Präsidenten des BND

Um kaum eine Persönlichkeit der deutschen Geheimdienstgeschichte ranken sich so viele Mythen wie um den
Übervater des deutschen Auslandsnachrichtendienstes
BND Reinhard Gehlen. Bereits zu Lebzeiten strickte er
durch geschickte Pressepolitik und seine Memoiren an seiner Legende. 1952 ließ sich Gehlen zum ersten Mal für ein
Cover des *SPIEGEL* ablichten. Wie auf nahezu all seinen
Bildern präsentierte er sich dabei als Spionage-Chef wie
aus dem Bilderbuch: dunkle Sonnenbrille, Trenchcoat und
natürlich Schlapphut.

Die Mythen um seine Person und die Rolle, die er spielte, bringt Stoff für viele Kapitel. Kein Wunder, dass die
jüngste Biografie einer vom Kanzleramt eingesetzten
Unabhängigen Historikerkommission bescheidene 1376
Seiten lang ist.

Als treuer preußischer Offizier stieg Gehlen in der
Wehrmacht bis zum Generalmajor auf, war an der Planung
des Überfalls auf die Sowjetunion beteiligt und seit 1942
Abteilungsleiter des Heeresnachrichtendienstes »Fremde
Heere Ost«. Lange vor der Existenz der Bundesrepublik
und des BND begründete das den ersten Mythos: den des
Russland-Experten. Mit der Realität hatte das allerdings
wenig zu tun. Denn »Fremde Heere Ost« war kein vollwer-
tiger Nachrichtendienst, sondern lieferte dem Generalstab
der Wehrmacht lediglich Analysen auf Grundlage von Informationen, die andere beschafft hatten. Vor 1940 hatte

Gehlen mit Russland rein gar nichts zu tun und verfügte über keinerlei Russisch-Kenntnisse.

Als der Nachrichtendienstexperte und Russlandkenner schlechthin diente sich Gehlen 1945 den Amerikanern an, und dass diese ihn letztendlich aus dem Grund mit der Bildung einer nachrichtendienstlichen Organisation beauftragten, ließ er unwidersprochen. Doch begeistert waren weder US Army noch CIA von der »Organisation Gehlen«. Mehrfach sollte sie aufgelöst werden, auch weil ihre Informationen aus dem sowjetisch besetzten Teil Deutschlands, Polen und den anderen sozialistischen Staaten für die Amerikaner tatsächlich nur einen geringen Stellenwert hatten.

Dass Reinhard Gehlen den Auslandsnachrichtendienst als sein Metier ansah, gehört gleichermaßen ins Reich der Mythen. Denn eigentlich wollte Gehlen lieber Chef des Inlandsgeheimdienstes werden. Dazu knüpfte er, schon als er formal noch für die Amerikaner arbeitete, weitreichende Netzwerke in alle bundesdeutschen Parteien und intrigierte gegen Konkurrenten wie den Verfassungsschutzchef Otto John oder den Chef des militärischen Nachrichtendienstes Friedrich Wilhelm Heinz. Als Kommunisten, Verräter und politisch unzuverlässig stellte er sie und viele andere dar. Um sich selbst unersetzlich zu machen, sammelte er in einer privaten Geheimkartei Informationen über Politiker, Journalisten, Unternehmer und andere exponierte Persönlichkeiten. Brisant war, dass Gehlen so den Auslandsnachrichtendienst in die Innenpolitik hineinzog – daher der Generalverdacht, der BND betreibe auch heute noch im großen Stil Inlandsaufklärung.

Nach über zehn Jahren übernahm die Bundesregierung unter Konrad Adenauer im April 1956 die Organisation Gehlen als Bundesnachrichtendienst. Obgleich es Gehlen über Jahre gelang, Adenauer, dessen Kanzleramtsminister Globke und andere Politiker für sich einzunehmen, gehört es ebenfalls ins Reich der Mythen, dass die Bundesregierung ein Fan Gehlens war. Auf dem Höhepunkt der *SPIEGEL*-Affäre 1962 ließ Kanzler Adenauer ihn zum Rapport erscheinen, während im Nebenzimmer bereits der Generalbundesanwalt mit ein paar Beamten wartete, um den Geheimdienstchef noch im Kanzleramt zu verhaften. Aus dieser Situation lavierte sich Gehlen heraus, sein politisches Haltbarkeitsdatum hatte er jedoch spätestens ab diesem Moment überschritten.

Reinhard Gehlen gab sich als geheimnisumwitterter, schwer zu greifender, mit allen Machenschaften hinter den Kulissen vertrauter Schatten. Doch sein Biograf sprach von der »erfolgreichen Simulation eines Nachrichtendienstes«. Auch sei er seit der Zeit in Hitlers Generalstab süchtig nach Pervitin gewesen, im Krieg besser bekannt als Panzerschokolade, Stukka-Pillen oder Fliegermarzipan – heute als Methamphetamin oder Crystal Meth. Aber so oder so, über 20 Jahre stand Reinhard Gehlen an der Spitze deutscher Nachrichtendienste und war damit eine der Größen in der geheimdienstlichen Welt. Sein Mythos jedoch bröckelt schon lange.

Mythos Nr. 46 – ENIGMA, das NS-Rätsel

»Enigma« ist das griechische Wort für Rätsel und war ein trefflich gewählter Name für eine der geheimnisumwittertsten Erfindungen des 20. Jahrhunderts. Als der Berliner Ingenieur Arthur Scherbius 1918 ein Patent für seine Verschlüsselungsmaschine anmeldete, dachte er wohl kaum daran, einen der größten Mythen der Geheimdienstgeschichte in den Händen zu halten. Geschweige denn daran, dass auch die besten Rätsel nur selten ungelöst bleiben.

Den Ersten Weltkrieg hatte Deutschland nicht nur militärisch, sondern auch geheimdienstlich verloren. Als Scherbius seine Verschlüsselungsmaschine noch im letzten Kriegsjahr der Kaiserlichen Armee anbot, lehnte diese pikiert ab. Etwas so »Feiges« und »Weibisches« wie Spionage oder verschlüsselte Kommunikation brauchte ein preußischer Soldat nicht. Tatschlich erfuhr die militärische Führung erst Ende der 1920er-Jahre, dass Franzosen, Briten und Russen die deutsche Kommunikation während des Krieges abgehört hatten. Und so kam die ENIGMA, die von ihrem Erfinder bis dato auf Messen und dem freien Markt feilgeboten wurde, doch noch zu Reichswehr und Wehrmacht.

Im Kern bestand die ENIGMA aus drei Rotoren-Walzen, einer 4,5-Volt-Batterie, einem Lampensatz und einer über elektrische Kontakte mit 26 Buchstaben bestückten Tastatur. Walzen und Tasten waren miteinander verbunden, sodass sich beim Tippen die Walze automatisch drehte, in mindestens 17.576 unterschiedliche Positionen. Dazu kam eine hoch komplizierte Arbeitsanleitung, in der unterschiedliche Tageseinstellungen aufgelistet waren. Diese waren in »Doppelbuchstabentauschtafeln« festgehalten. Die letzte Weiterentwicklung der von der Marine benutzten ENIGMA M4 kam so auf bis zu 60 Quadrillionen verschiedene Möglichkeiten. Heute entspräche das einer Verschlüsselungsleistung von bescheidenen 100 bit.

Was war das bahnbrechende Element der ENIGMA? Scherbius' Erfindung war die erste voll funktionsfähige Verschlüsselungs-MASCHINE. Die Verschlüsselung geschah automatisch und war selbst von den genialsten Mathematikern nicht mehr einzig und allein mit Denkvermögen und Kombinationsgabe zu entschlüsseln. Die Geschichte, wie die unüberwindbare ENIGMA am Ende doch geknackt wurde, trug das Übrige zu ihrem Mythos bei.

Briten und Franzosen begannen schon früh mit Versuchen, das Verschlüsselungsprinzip der ENIGMA zu durchschauen. Von Spionen kauften sie Gebrauchsanleitungen und Schlüsseltafeln, doch sie kamen nicht weiter. 1932 schaffte es der polnische Mathematiker Marian Rejewski, die Verdrahtungen der ENIGMA zu knacken. Eine mathematische Meisterleistung, mit der er den Grundstein für die späteren Erfolge der Engländer lieferte. Denn es fehlten noch die Walzen- und Steckeinstellungen.

Mit dem Beginn des Zweiten Weltkriegs machten sich die britischen Codeknacker in ihrer Zentrale Bletchley Park an die Arbeit. Und sie schafften es schließlich, die ENIGMA zu knacken. Dabei kamen ihnen zwei Umstände zu Hilfe: zum einen, dass die ENIGMA bei aller Technik immer noch auf Menschen angewiesen war. Steckverbindungen und Walzeinstellungen wurden im Tagesrhythmus geändert. Damit die Einstellungen zwischen Sender und Empfänger übereinstimmten, gab es entsprechende Verzeichnisse. Diese konnten die Briten Anfang der 1940er-Jahre aus versenkten U-Booten und abgeschossenen Flugzeugen bergen und zur Entschlüsselung nutzen.

Dann kehrten die Mathematiker um Alan Turing in Bletchley Park die größte Errungenschaft der ENIGMA gegen sie selbst um: automatisches, maschinenbasiertes Rechnen. Allein mit dem Kopf und der Hand konnte die Verschlüsselungsmaschine ENIGMA nicht geknackt werden. Von einer anderen Maschine, die genauso viele Rechenoperationen durchführen konnte, schon. Die sogenannte Turing-Bombe, ein schrankwandgroßer Computer-Vorläufer, läutete das Zeitalter der komplett technisierten Ver- und Entschlüsselung ein.

Der Mythos ENIGMA wurde jedoch letzten Endes durch den Umstand begründet, dass ihre Entschlüsselung über Jahrzehnte geheim gehalten wurde. Noch in den 1960er- und 70er-Jahren waren sich die deutschen Weltkriegsveteranen absolut sicher, dass ihre Kommunikation nicht entschlüsselt worden war. Die ENIGMA galt als Resultat bester deutscher Ingenieurskunst. Erst in den 1970er-Jahren veröffentlichte die britische Seite, wie es ihr gelungen war, die Unknackbare zu knacken.

Das jahrzehntelange Versteckspiel um die ENIGMA hatte handfeste Gründe: Zum einen nutzten Briten und Amerikaner ihren Vorsprung auf dem Gebiet der Kryptografie im Kalten Krieg. Zum anderen, so ein schlecht gehütetes Geheimnis, rüsteten die britische Armee und die Geheimdienste zahlreiche neue Nationalstaaten wie Israel oder afrikanische Länder nach dem Zweiten Weltkrieg mit

ENIGMA-Verschlüsselungsmaschinen aus – gewissermaßen als Geschenk – und hörten anschließend mit mindestens einem Ohr hin, wenn ihre neuen Freunde kommuni-
zierten.

Heute ist der Mythos ENIGMA ein Fall für Sammler und
Museen. Mindestens 1000 der geschätzt 40.000 produ-
zierten Exemplare existieren noch, und manche davon sind
für die Öffentlichkeit zu besichtigen. Bei Auktionen erziel-
ten gut erhaltene Exemplare der ENIGMA bereits bis zu
300.000 Dollar. Mythen haben nun einmal ihren Preis!

Mythos Nr. 47 – Die CIA fand Adolf Hitler 1955 in Südamerika

Hitler, Alt-Nazis, Südamerika und die Geheimdienste bieten Stoff für unzählige Kapitel der Weltgeschichte der Spionage. Mythenbeladen wie kaum etwas sonst, beflügelt das
Thema die Fantasie der Nazi-Jäger. Da es an dieser Stelle
unmöglich ist, sämtliche Mythen zu untersuchen, wird
stellvertretend eine Hitler-Südamerika-Geheimdienst-Sto-
ry entmystifiziert: der Mythos, dass die CIA Adolf Hitler
1955 in Südamerika aufspürte.

Mehrfach ging diese Meldung um die ganze Welt, zuletzt 2017. Der Grund: In freigegebenen CIA-Akten fand
sich ein Telegramm des ehemaligen Chefs der CIA-Außenstelle in Caracas, Venezuela. Am 3. Oktober 1955 hatte er an
die Zentrale in Washington telegrafiert, seine Quelle
»CIMELODY-3« habe von einem Bekannten namens Phill-
lip Citroen ein Foto erhalten, auf dem angeblich Adolf

Hitler zu sehen sei. Citroen wiederum sei ein ehemaliger SS-Mann, der nach dem Krieg nach Venezuela gekommen sei. Das Foto mit der Bildunterschrift »Adolf Schüttelmayer, Tunga, Kolumbien, 1954«, von dem eine Kopie beigefügt wurde, zeigte einen Mann, der Hitler vor allem durch seinen Bart ähnelte. Aufgrund dessen informierte der Chef der CIA-Außenstelle in Caracas auch die Leiter der CIA-Stellen in Maracaibo sowie in Argentinien und Kolumbien.

Dieses Beispiel zeigt, wie Geheimdienstmythen sprießen: Denn für Verschwörungsfans ist allein die Tatsache, dass der Außenposten der CIA die Information aufnahm und an mehrere Stellen weiterleitete, Beweis genug dafür, dass sie glaubhaft war. Tatsächlich jedoch merkte der Leiter der CIA-Außenstelle explizit an, dass beim besten Willen keine Informationen vorlägen, die die Behauptungen Citroens bestätigten. Philip Citroen selbst wurde entweder vom Chef der Außenstelle oder von der Zentrale in Washington handschriftlich mit dem Vermerk *»fairly reliable«* gekennzeichnet, was gemäß der internen Quellenbewertung der CIA nur Stufe 3 von 6 gleichkommt.

Hinzu kamen offensichtliche Nachlässigkeiten: Die Bildunterschrift »Adolf Schüttelmayer« wurde in dem Telegramm falsch geschrieben und lautete dort »Adolph Schritelmayor«, Gleiches gilt für den Namen »Adolph Hitler«. Mit »Tunga« war wohl das kolumbianische Andenstädtchen Tunja gemeint.

Wie auch immer, die Information war weder Teil einer geheimen Jagd der CIA nach Adolf Hitler noch Beweis für dessen geheime Flucht nach Südamerika und schon gar kein Anhaltspunkt dafür, dass die CIA ihn dort vermutete. Stattdessen veranschaulicht das Telegramm die tatsächliche Vorgehensweise eines Nachrichtendienstes: Wenn eine Quelle interessante Informationen anbietet – und jede Information über Hitler war zehn Jahre nach dem Ende des Zweiten Weltkrieges interessant – folgt ein Routineablauf: Die Information wird dokumentiert, analysiert und bewertet, es wird nach Anhaltspunkten für die Verlässlichkeit von Quelle und Information gesucht. Wie das Telegramm zeigt, dokumentierte die CIA eine Information – mehr nicht. Nicht einmal der israelische Mossad, der über ein eigenes Programm zur Auffindung von Alt-Nazis verfügte, hatte Hitler auf seiner Liste. Die Informationen über Hitlers Selbstmord 1945 im sogenannten Führerbunker unter der Reichskanzlei waren für alle Seiten überzeugend genug, um sich nicht in einen solchen Mythos zu verrennen.

Der Kalte Krieg

Mythos Nr. 48 –
Der BND wusste nichts vom Mauerbau

Am 13. August 1961 war der Schock in Deutschland und der Welt groß: Die DDR baute eine Mauer mitten durch Berlin. Von Bundeskanzler Konrad Adenauer bis zum US-amerikanischen Präsidenten John F. Kennedy – westliche Politiker waren konsterniert. Wie konnten sich die Regierungen und Militärs im Westen so davon überraschen lassen? Schließlich unterhalten Staaten Auslandsnachrichtendienste, als Frühwarnsystem über geheime Vorgänge im Ausland. Die Zementierung der deutschen Teilung war also auch ein Versagen der Geheimdienste. Immer wieder wurde dem BND vorgehalten, politisch bedeutsame Krisen verschlafen zu haben. Eine Gurkentruppe eben. Oder doch nicht?

In den Erinnerungen der Hauptbeteiligten könnten die Einschätzungen nicht stärker voneinander abweichen: Willy Brandt, 1961 Regierender Bürgermeister von West-Berlin, schrieb, dass weder deutsche noch alliierte Geheimdienste ihn in irgendeiner Weise gewarnt hätten. Sein enger

Mitarbeiter Egon Bahr merkte an, in einer Einschätzung des BND gelesen zu haben: »Besondere Vorkommnisse nicht zu erwarten«. Reinhard Gehlen, zu dieser Zeit Präsident des Bundesnachrichtendienstes, verwies 1971 in *Der Dienst: Erinnerungen 1942-1971* darauf, bereits frühzeitig vor der Grenzschließung in Berlin gewarnt zu haben. Wer hatte recht?

2008 freigegebene Akten zeigen, dass der BND frühzeitig Informationen über den Mauerbau besaß und weiterleitete. Bereits im Januar 1961 berichtete der BND von Umleitungen einiger Verkehrsstraßen in der Stadt und stufte die Maßnahmen als Vorbereitungen zur »Umwandlung der Sektorengrenze in eine Staatsgrenze« ein. Bis in den Sommer 1961 beobachtete der BND die Konzentration sowjetischer Truppen in der DDR, in Polen und vor allem um Berlin sowie Veränderungen an der Spitze der sowjetischen Streitkräfte in Deutschland und in deren Funkverkehr. Das gesamte Jahr 1961 warnte der BND vor der Abriegelung Berlins.

Am 11. August 1961, zwei Tage vor der »Aktion Rose«, wie der Mauerbau vom Geheimdienst der DDR genannt wurde, warnte der BND in Fernschreiben Nr. 4288 unmissverständlich davor, dass zwischen dem 12. und 18. August, also in der folgenden Woche, die Sektorengrenzen zwischen Ost- und West-Berlin geschlossen werden sollten. Ziel sei es, den unkontrollierten Flüchtlingsstrom zu stoppen, was zwischen Walter Ulbricht und seinem sowjetischen Genossen Nikita Chruschtschow bereits Wochen zuvor so vereinbart worden war. Die Information hatte der BND von einer Quelle in Ost-Berlin, die von einer

Parteisitzung berichtete, auf der die Abriegelung der Stadt diskutiert worden war. In einem BND-Bericht vom 28. August wurde darauf hingewiesen, dass sowohl das Kabinett der Bundesregierung, das am 17. August 1961 tagen sollte, als auch die alliierten Kommandeure in West-Berlin spätestens am 12.08.1961 darüber in Kenntnis gesetzt worden waren. Zwar konnte der BND weder den genauen Tag voraussagen, noch dass es letztendlich eine Betonmauer werden würde. Das Datum auf sechs Tage einzugrenzen war nichtsdestoweniger eine sehr gute nachrichtendienstliche Leistung. Dennoch nahm der spätere Mythos vom Versagen des BND seinen Lauf.

Das Problem, so kann man aus heutiger Sicht sicher sagen, war nicht, dass der BND die Vorbereitungen zum Mauerbau verschlafen hätte, sondern die Fehleinschätzung seitens der alliierten Militärs in West-Berlin und der Bundesregierung. Am 12. August, einen Tag vor dem Mauerbau, trafen sich Vertreter des BND in West-Berlin mit ihren westlichen Partnern und berichteten ausführlich. Amerikaner und Briten verwarfen die Einschätzung jedoch und berichteten stattdessen, was man in Bonn, Washington und London hören wollte: keine Veränderungen in Sicht, Konfrontationen unwahrscheinlich. Bereits seit 1959, als der sowjetische Regierungschef Nikita Chruschtschow ein Ultimatum zur Räumung Berlins durch die West-Alliierten hatte verstreichen lassen, waren Berichte über eine Verschärfung der Lage in der geteilten Stadt nicht mehr gern gesehen. Als es dann wirklich ernst wurde, hörte niemand auf den BND. So waren schließlich auch die Aussagen von Brandt und Bahr nachvollziehbar: Da Berlin formal unter alliierter Hoheit stand, hätten die westlichen Partner und nicht der BND über die Grenzschließung informieren müssen. Diese jedoch waren gänzlich anderer Meinung als der Pullacher Dienst, der weder in Bonn, Paris oder London noch bei seinen einstigen Ziehvätern in Washington ein besonders hohes Ansehen genoss. In diesem Fall jedoch hatte er richtiggelegen.

Mythos Nr. 49 – Die Berliner Mauer nutzte der Stasi und schadete dem BND

Der Mauerbau und die Schließung der deutsch-deutschen Grenze im August 1961 hatten nicht nur gravierende Auswirkungen auf die Politik, sondern auch auf die Welt der Spionage. Unüberwindlich und massiv sollte sie West-Spione fernhalten – so ein erklärtes Ziel der DDR-Führung. Die eigenen Geheimdienste hingegen konnten sich jederzeit durch ein verstecktes Türchen hinausschleichen. Ein klarer Vorteil für den Osten – so zumindest ein weitverbreiteter Mythos.

Fast 30 Jahre nach dem Mauerfall konnte rekonstruiert werden, dass westliche Geheimdienste wie der BND keineswegs über Nacht ihres Agentennetzes in der DDR beraubt wurden. Ohnehin war die Grenze zwischen West- und Ostdeutschland in den Jahren vor dem Mauerbau nur schwer zu passieren, die Übergänge zwischen den Sektoren in Berlin zum Nadelöhr für Agenten und Spione geworden. Die Geheimdienste hatten sich darauf eingestellt und standen über Funkverbindungen in Kontakt mit ihren Agenten in der DDR. Den direkten Kontakt hielten, sofern nötig, getarnt reisende Kuriere und V-Mann-Führer. Bis Mitte der 1960er-Jahre konnte die Verbindung mit den vor 1961 angeworbenen Agenten auch nach dem Mauerbau aufrechterhalten werden. Das galt sowohl für die militärische als auch für die wirtschaftliche Aufklärung des BND. Schwierig wurde es für westliche Geheimdienste erst danach, denn hinter dem Eisernen Vorhang konnten Agenten von der Stasi-Spionageabwehr leichter überwacht werden. Auch die Rekrutierung wurde schwieriger, erreichte jedoch erst in den 1980er-Jahren ihren Tiefpunkt. Nichtsdestoweniger führte der BND bis zuletzt Agenten in der DDR, bis hinauf in die politischen Schaltzentralen.

Umgekehrt war die Mauer aber auch für die Stasi und ihre »Bruderorgane« im Ostblock nicht nur ein Segen. Kontakte der eigenen Bevölkerung in den Westen waren zwar leichter zu kontrollieren, doch wie sollten die eigenen Spione ins Ausland reisen? Man hatte ja nicht nur den Westen ausgesperrt, sondern sich selbst gleichermaßen eingemauert.

Die wenigen Grenzübergänge, wie der berühmte Bahnhof Friedrichstraße in Berlin, wurden für die Geheimdienste nun erst recht zu neuralgischen Punkten, an denen es zu regelrechten »Agentenstaus« kam. Trafen sich Bekannte auf dem Weg in den Osten, vermutete man hinter dem anderen einen Geheimdienst, insbesondere bei bevorzugter Zollabfertigung und Gepäckkontrolle. Für sämtliche Reisen der Agenten mussten aufwendige Legenden entworfen werden oder Umwege durch Österreich oder Skandinavien gewählt werden. Für Notfälle und Spezialaufträge hatte sich die Stasi Geheimtüren, sogenannte »Schleusen«, einbauen lassen, doch die konnten nicht zu häufig benutzt werden, denn nicht nur gegenüber dem Westen, auch nach Innen waren diese Orte *top secret* und durften unter keinen Umständen publik werden.

Beide Seiten entwickelten ein Raster für den typischen Agenten: Männlich, alleinreisend, zwischen 30 und 50 Jahre alt, Gepäck für einen oder zwei Tage, unauffälliger Beruf, auf der Reise zu Verwandten oder zu einem Geschäftstreffen – so sah das klassische Profil eines reisenden Spions aus. Auf Personen, die dieser Beschreibung entsprachen, wartete auf der anderen Seite der Mauer schon eine Observationstruppe.

Mythos Nr. 50 –
Die Stasi war der erfolgreichste Geheimdienst

Schon zu Zeiten des Kalten Kriegs war das Ministerium für Staatssicherheit der DDR, das Auslandsspionage, Spionage- und Terrorismusabwehr und vor allem geheimpolizeiliche Unterdrückung vereinte, gefürchtet. Nach dem Untergang der DDR und der Öffnung des Stasi-Archivs wuchs der Ruf der Stasi als erfolgreichster Geheimdienst: Im Inland überall Spitzel, die alles und jeden überwachten. Ob CIA, BND oder MI6, für West-Spione gab es in der DDR nicht viel zu holen. Selbst in die Schaltzentralen der Bundesrepublik und der Amerikaner hatte die Stasi ihre Agenten eingeschleust. Technisch gut ausgerüstet, logistisch top organisiert, in nachrichtendienstlicher Methodik absolut professionell. Was wie die Selbstbeweihräucherung ewig gestriger Stasi-Offiziere klingt, fand auch andernorts Anklang. Bei Forschern bis zu ehemaligen CIA-Mitarbeitern lautete das Urteil: *most effective.*

Doch auch hier sollte man Vorsicht walten lassen. Zum einen gibt es keine einheitliche Definition oder ein generelles Verständnis dessen, was einen Geheimdienst besonders erfolgreich macht. Dem Verständnis westlich-demokratischer Nachrichtendienste zufolge stellen die Dienste den politischen Entscheidungsträgern Informationen zur Verfügung, die niemand anders hat. Eine politische Geheimpolizei wie die Stasi betrachtete es jedoch als vorderste Aufgabe, als »Schild und Schwert« die diktatorische Herrschaft der Sozialistischen Partei zu sichern. Das gelang ihr mal mehr, mal weniger. 1953 gab es einen großen Aufstand, 1961 musste man sich einmauern, und 1989 waren die Repressionen der Stasi gegen die eigene Bevölkerung mit ein Grund, warum das ganze System in sich zusammenbrach.

Wirklich herausragend gut war die Stasi bei der Beschaffung von Informationen. Das Heer von Spitzeln konnte in der DDR Informationen über jeden und alles beschaffen, sorgte jedoch auch für Misstrauen der Bevölkerung und zur Ablehnung des Staates. Auch die Informationsbeschaffung in der Bundesrepublik Deutschland als Haupt-Operationsgebiet war außerordentlich gut. Ob Kanzleramt, Ministerien, Nachrichtendienste, Bundeswehr, Medien, Unternehmen oder Terrorgruppen, die Stasi besorgte brisante Informationen. Hier lag sicher der Hauptgrund, warum der Erfolg der Stasi mythisch überhöht wurde.

Selten in die Bewertung mit einbezogen wurde dabei, dass die Bedingungen, unter denen die West-Spione der Stasi operierten, einmalig waren: ein geteiltes Land mit derselben Sprache und Kultur, verwandtschaftliche Beziehungen zum anderen Teil in so gut wie jeder Familie und Massenmigration zwischen beiden Teilen. Dazu kam, dass der Stasi als Stütze der SED-Diktatur in der DDR ganz andere Ressourcen zur Verfügung gestellt wurden: ein eigenes Ministerium mit zuletzt über 90.000 Mitarbeitern, ein spürbarer Anteil am Staatshaushalt, eine große Machtbasis im eigenen Staat. Damit unterschied sich die Stasi in ihren Möglichkeiten deutlich von westlichen Diensten.

Wie sehr der »Erfolg« der West-Spionage von der Teilung Deutschlands abhing, verdeutlichen Vergleiche mit anderen Ländern: Während die Informationsbeschaffung der Stasi in der Bundesrepublik sehr gut funktionierte, gelang sie in den anderen Staaten oder Staaten-Bündnissen kaum. In Großbritannien, Frankreich, den USA, bei der NATO oder den EU-Vorläufern konnten nur dort effektiv Informationen gewonnen werden, wo wiederum bundesdeutsche Mitarbeiter rekrutiert werden konnten. Ansonsten waren die Ergebnisse der Stasi-Spionage, von einigen Glückstreffern abgesehen, ziemlich bescheiden.

Mochte die Beschaffung von Informationen in Westdeutschland auch noch so gut funktionieren, galt dies keineswegs für deren Auswertung. Die Informationen, die das Politbüro um Erich Honecker erreichten, transportieren kaum etwas vom wirklichen Inhalt zum Zeitpunkt ihrer glorreichen Beschaffung. Analysiert wurde schematisch, gemeldet vor allem, was die Linie der Partei bestätigte.

Obendrein machten sich in den 1980er-Jahren deutliche Anzeichen für eine Krise der Stasi-Spionage bemerkbar. Probleme bei der Personalgewinnung, mangelnde Motivation von Agenten, Mangelwirtschaft, politischer Opportunismus, veraltete Technik und, und, und. Das gesamtgesellschaftliche Syndrom des Niedergangs machte auch vor der Stasi nicht halt.

Alles in allem war die Stasi eine gefürchtete und brutale Geheimpolizei im Inneren, die in der Bundesrepublik – und nur dort – sehr erfolgreich Quellen rekrutierte und Informationen gewann. Die Resultate daraus verdienen das Prädikat »erfolgreich« allerdings kaum. Es ist also ein Mythos, dass die Stasi der erfolgreichste und effektivste Geheimdienst aller Zeiten war.

Mythos Nr. 51 –
Stasi-Spione waren ideologisch motiviert

Ein Grundschema, mit dem Geheimdienste ihre V-Männer, Informanten und Quellen rekrutieren, trägt die unauffällige englische Abkürzung MICE. Das ist die Kurzform für *money* (Geld), *ideology* (Ideologie), *coercion* (Zwang) und *ego* (Ego), zusammengefasst also die Grundmotive, aus denen Menschen sich von Geheimdiensten als Spione gewinnen lassen.

Ein – von den ehemaligen Offizieren der DDR-Staatssicherheit nach 1990 tatkräftig verbreiteter – Spionagemythos des Kalten Krieges war, dass die Westagenten von Stasi oder KGB durch die Bank ideologisch motiviert waren.

Als »Kundschafter des Friedens« überzeugt vom Sozialismus im Kampf gegen den westlich-kapitalistischen Imperialismus, hätten sie an der stillen Front aus Überzeugung ihren Dienst getan – so das beschönigende Narrativ der Ehemaligen. Der Westen hingegen habe nur auf Geld als Motivation setzen können und dementsprechend unzuverlässige Quellen gehabt.

Je mehr spektakuläre Spionagefälle aus dieser Zeit ans Licht kamen, desto öfter sahen die Genossen ihren Mythos bestätigt. Vereinigungen der ehemaligen »Kundschafter« – der gemeinsamen Sache immer noch treu ergeben – traten in die Öffentlichkeit. Unter Namen wie »Gesellschaft für Humanitäre und Rechtliche Unterstützung e.V.« (GRH) oder »Kundschafter des Friedens fordern Recht« forderten sie vor allem Straffreiheit oder ein Ende der »Diskriminierung«.

Ein besonders prominenter Fall war der ehemalige West-Agent im NATO-Hauptquartier: Rainer Rupp. Fast 20 Jahre lang hatte er für die Stasi spioniert, hochsensible militärische Informationen an den Osten weitergegeben und dafür über acht Jahre Gefängnis bekommen. Danach trat er öffentlich für PDS und DKP auf, wollte sich als Überzeugungstäter verstanden wissen, der nach wie vor unerschütterlich an den Sozialismus glaubte. Letzteres stimmte zwar, doch dabei verschwieg er gern, dass er nebenbei auch fast 800.000 DM von der Stasi erhalten hatte.

Rupp war beileibe nicht der Einzige, der nicht allein aus sozialistischer Überzeugung für den Osten spionierte. Dessen war sich die Spionagetruppe um Markus Wolf auch durchaus bewusst. In ihren »Forschungsarbeiten« und

»Richtlinien für die Arbeit mit IM« war stets von einem »Motivationsgefüge« die Rede. Nicht ein Grund allein, sondern ein Mix war also die beste Methode, eine Quelle zu gewinnen. Sozialistische Überzeugung und finanzielles Interesse schlossen sich keineswegs aus. Doch mindestens zwei weitere Motive gingen aus den hauseigenen Studien der Stasi hervor: Abenteuerlust und Profilierungssucht sowie eine enge persönliche Bindung an den Führungsoffizier oder Anwerber. Vor allem auf letzterem Gebiet wurden der Stasi auch von Gegnern überdurchschnittliche Leistungen bescheinigt. Allein mit sozialistischer Überzeugung hatte das jedoch wenig zu tun. Sämtlichen Studien zufolge sah sich die Stasi in den 1980er-Jahren mit immer größeren Problemen konfrontiert, wenn sie auf althergebrachte Art Quellen rekrutieren wollte. Die politisch-ideologische Überzeugung hatte sich erschöpft.

Dieses Motiv wurde vor allem dann genannt, wenn die Offiziere in den Statistikbögen die Wunschvorgaben der politischen Führung erfüllen wollten. Dort durfte nur ein Motiv vermerkt werden – und so wurden bei rund zwei Dritteln aller Westagenten »ideologische Motive« angegeben, wohl wissend, dass man die Realität vollkommen ausblendete. Nach dem Untergang der DDR wurde das eigene Wunschdenken dann als Fakt verkauft – und zu einem Spionagemythos stilisiert.

Mythos Nr. 52 – Rainer Rupp alias IM »Topas« verhinderte den Dritten Weltkrieg

Unter all den West-Agenten der Stasi stach Rainer Rupp alias IM »Topas« besonders hervor. Nicht weniger als den Dritten Weltkrieg und einen nuklearen Holocaust habe er durch seine Spionagetätigkeit verhindert – so jedenfalls die offizielle Version. Eine kühne, ganz und gar unbescheidene Behauptung – und bis in die 1990er-Jahre ein völlig unbekannter Umstand. Wie war es dazu gekommen?

Rainer Rupp war ein guter Fang für die Stasi und ein Beleg dafür, wie gut die Auslandsspionage der DDR darin war, Menschen für sich zu gewinnen und in ihrem Sinne umzuformen. Schon im letzten Schuljahr im Saarland war der junge Rainer Rupp dermaßen aufgebracht über die weltpolitische Lage, dass er sich in einem Brief an die US-Botschaft freiwillig für den Vietnam-Krieg melden wollte. Doch seine Mutter fing den Brief ab – und spielte damit unfreiwillig der Stasi in die Hände. Die sprach Rupp während seines Studiums in Mainz an und gewann ihn für die DDR-Spionage, obwohl er eigentlich Entwicklungshelfer werden wollte. In jahrelanger Betreuung lenkte sie ihn dahin, einen Job bei der NATO in Brüssel anzunehmen. Ende der 1970er-Jahre war er dort in der politischen Sektion der Wirtschaftsabteilung tätig und hatte Zugang zu den höchsten Geheimhaltungsstufen des transatlantischen Militärbündnisses – selbst zu solchen, die nur in einem speziellen, vermeintlich sicheren Raum eingesehen werden durften. Geradezu unglaubliche Informationen konnte Rupp so für die Stasi kopieren.

Im Heldenepos, das Rupp und seine Offiziere der Öffentlichkeit präsentierten, stand ein Dokument im Mittelpunkt: die Informationen zu einer Übung des NATO-Kommandostabs im Jahr 1983 mit der Bezeichnung »*Able Archer*« (fähiger Bogenschütze). In diesem Planspiel simulierte die NATO den Atomkrieg mit der Sowjetunion. Rupp alias »Topas« beschaffte sich die Unterlagen und gab sie an die Auswertungsabteilung der DDR-Spionage weiter. Die Informationen bestätigten, dass es sich bei *Able Archer* nur um eine Übung, nicht um tatsächliche Vorbereitungen auf einen nuklearen NATO-Angriff gegen den Ostblock handelte. Diese Einschätzung ging auf direktem Weg nach Moskau. Nach Ansicht von Rupp und der DDR-Auslandsaufklärung hatte die DDR-Spionage so den Frieden gesichert, da in Moskau bereits Vorbereitungen für einen Gegenschlag angelaufen seien. Der Grund: Moskau habe *Able Archer* nicht als Übung, sondern als reale Vorbereitung auf einen nuklearen Erstschlag der NATO angesehen. Erst dank Rupps Informationen sei der Dritte Weltkrieg doch noch abgesagt worden.

Tatsächlich fiel das Militärmanöver 1983 in einen Zeitraum besonders intensiver Spannungen zwischen den beiden Supermächten. Ronald Reagan hatte die Sowjetunion als »Reich des Bösen« bezeichnet, die UdSSR hatte eine koreanische Passagiermaschine über sowjetischem Territorium abgeschossen, und im Herbst war die amerikanische Militärintervention in Grenada angelaufen – all das nach gerade erfolgtem NATO-Doppelbeschluss und der Stationierung von Pershing-II-Raketen in der Bundesrepublik als Reaktion auf die Stationierung sowjetischer

SS20-Rakten. Die Geheimdienste des Ostblocks achteten auf kleinste Zeichen. Schon eine erhöhte Anzahl erleuchteter Fenster in der Umgebung westlicher Regierungszentralen wurde als Indikator gedeutet.

Und nun probte die NATO also einen nuklearen Krieg. Natürlich wurde das in Moskau und Ost-Berlin registriert. Doch die Alarmbereitschaft sowjetischer Truppen in Europa wurde überbewertet, denn dabei handelte es sich um einen Standardvorgang, der bei Militärmanövern des feindlichen Bündnisses üblich war. Wie Protokolle des Politbüros der Kommunistischen Partei in Moskau aus den Jahren 1983 und 1984 belegen, verloren die Genossen offenbar kein einziges Wort über *Able Archer*. Bemerkenswert für den Auftakt zum Dritten Weltkrieg! So wertvoll seine Informationen für die strategische Planung des Ostens auch gewesen sein mochten, sicherte der Top-Spion Rainer Rupp alias »Topas« hier nicht den Frieden. Seine Informationen wurden zur Kenntnis genommen und ins System eingespeist, mehr nicht.

Mythos Nr. 53 – »Gladio« – NATO-Partisanen im Kalten Krieg

Anfang der 1990er geisterte zum ersten Mal ein verschwörungstheoretisches Schreckgespenst durch West-Europa: Während des gesamten Kalten Krieges habe die NATO streng geheime Partisanennetzwerke unterhalten. Ausgebildet in Sabotage, Tarnung und Mord, mit geheimen Waffendepots in Wäldern und Höhlen entlang der Küsten, hätten NATO-Partisanen seit den 1970er-Jahren Spreng-stoffattentate verübt, um das Klima zugunsten rechtskonservativer Kreise zu beeinflussen. Waffen- und Sprengstoffdepots wurden ausgehoben. NATO-Terror gegen die eigene Bevölkerung? Das Thema wurde zu einem der brisantesten europäischen Geheimdienstmythen.

Wie so oft vermischte sich Wahres mit Unwahrem. Fakt ist, dass nach dem Zweiten Weltkrieg zunächst die Briten und Amerikaner, dann die NATO geheime Partisanen-Einheiten in Westeuropa organisierten. Hinter den als SBO *(stay behind organisations)* bezeichneten »Überrollorganisationen« steckte folgender Gedanke: Da die sowjetischen Truppen in Ost- und Mitteleuropa zahlenmäßig überlegen waren, wurde für das Szenario eines sowjetischen Vormarsches an die Atlantikküste ein Netzwerk von Agenten aufgebaut, das hinter den feindlichen Linien operieren sollte.

Bis in die 1950er-Jahre übernahmen in der Bundesrepublik Deutschland die US Army, die britische Royal Army, die CIA und der MI6 die Rekrutierung, Ausbildung und Tarnung von SBOs. In Frankreich und Italien standen hierfür Veteranen der Résistance beziehungsweise antifaschistische Partisanen zur Verfügung. In Deutschland jedoch wurde auf alte Nazi-Seilschaften und neonazistische Organisation wie den BDJ (Bund Deutscher Jugend) zurückgegriffen. Auch andere rechtsextreme Gruppierungen und Personen, wie die später verbotene Wehrsportgruppe Hoffmann oder der Neo-Nazi Werner Lembke, bei dem man mehrere Waffenlager entdeckte, wurden (bislang ohne Beweis) mit SBO in Verbindung gebracht.

Ende der 1950er-Jahre wurde die Verantwortung für die bundesdeutschen SBO-Einheiten dem Auslandsnachrichtendienst BND übertragen, der selbst erst seit 1956 nicht mehr amerikanischer, sondern bundesdeutscher Hoheit unterstand. Besonders brisant: Als Auslandsnachrichtendienst hatte der BND im Inland eigentlich keine Befugnisse. Aber die Frage, wo während des Kalten Krieges im geteilten Deutschland – insbesondere bei Planungen für den Kriegsfall – die Grenze zwischen In- und Ausland verlief, war in jenen Jahren nur schwer zu beantworten. Auch in den anderen westeuropäischen Ländern unterstanden die SBO-Einheiten dem Auslands- oder dem Militärgeheimdienst. Die Organisation der SBOs wurde auf nationaler Ebene geregelt, jeder Geheimdienst war für die SBO seines Landes verantwortlich, Details waren nur den nationalen Regierungen und Geheimdiensten bekannt. Zusätzlich unterhielten Amerikaner und Briten in vielen Ländern eigene Einheiten.

In der Bundesrepublik wird bis zum heutigen Tag ermittelt, ob das Sprengstoffattentat auf das Münchner Oktoberfest 1980, bei dem 13 Menschen starben, auf eine SBO zurückzuführen ist. Der Attentäter Gundolf Köhler hatte erwiesenermaßen Kontakte zur rechtsextremen Wehrsportgruppe Hoffmann, die mit SBO in Verbindung gebracht wurde. Ebenfalls passte ins Bild, dass konservative Kreise das Attentat zur Rechtfertigung eines strengeren staatlichen Vorgehens gegen linke oder vermeintlich linke Organisationen nutzen wollten.

In Italien flog SBO Anfang der 1990er-Jahre auf, als Journalisten und Staatsanwälte mehrere Terroranschläge untsuchten, wie das Bombenattentat auf den Bahnhof von Bologna 1980, bei dem 85 Menschen starben. Der Anschlag war den linksterroristischen *Roten Brigaden* zugeschrieben worden, tatsächlich jedoch war er von der neofaschistischen *Ordine Nuovo* verübt worden. Auch diese wurde mit SBO, organisiert vom italienischen Militärgeheimdienst, in Verbindung gebracht. Die Ermittlungen offenbarten erstmals die Existenz von SBO-Einheiten in Italien, genannt »Gladio« (nach dem Kurzschwert römischer Gladiatoren), woraufhin die Regierungen der anderen europäischen Länder gezwungen waren einzuräumen, dass SBOs überall in Europa existiert hatten.

Waren SBO-Einheiten tatsächlich Terrorinstrumente? Alle heute zugänglichen Beweise und Dokumente deuten in eine andere Richtung: Ehemalige Geheimdienstchefs aus Frankreich, Belgien, Luxemburg und Deutschland beschreiben SBO als logistisches Netzwerk zur Informationssammlung für Rettungsaktionen und Aufklärung im Kriegsfall. Frühere SBO-Agenten berichten von ihrer Ausbildung, ihren Aufgaben und ihrem Equipment – doch von Terror, Sabotage und Anschlägen ist nicht die Rede. Einzig in Italien gab es in den 1980er-Jahren offenbar Netzwerke des Militärgeheimdienstes, die in rechtsterroristische Milieus und in die Politik reichten. Doch welche Aufträge sie übernahmen, ist noch immer nicht bekannt. Bis heute wurde in keinem Staat nachgewiesen, dass die Geheimdienste die ihnen unterstellten SBO-Einheiten zu Terror im eigenen Land aufriefen.

Mythos Nr. 54 –
Markus Wolf, der »Mann ohne Gesicht«

»DDR-Geheimdienstchef enttarnt« titelte der *SPIEGEL* am 5. März 1979. Auf dem Cover: ein unscharfes Schwarz-Weiß-Bild von einem adretten Mann in den besten Jahren, mit Sonnenbrille und weiblicher Begleitung auf dem Gehweg unter einer Linde. Es handelte sich um niemand Geringeren als Markus Wolf, von 1952 bis 1986 Chef der DDR-Auslandsspionage HV A. Aufgenommen wurde das Foto in Stockholm, wo sich Wolf mit dem SPD-Politiker Friedrich Cramer getroffen hatte, vom schwedischen Geheimdienst, der es an seine deutschen Partner Verfassungsschutz und Bundesnachrichtendienst weiterleitete. Identifiziert wurde Wolf, so die weitverbreitete Version, vom Überläufer Werner Stiller, der am 19. Januar 1979 aus der Ost-Berliner Stasi Zentrale zum BND geflüchtet war.

Das Foto auf dem SPIEGEL-Cover wurde zu einer Ikone der deutschen Geheimdienstgeschichte. Der Grund: Markus Wolf galt bis dato als »Mann ohne Gesicht« – so zumindest die Legende. Es passte zum Mythos des Großmeisters seines Metiers, dass er – ganz wie ein klassischer Schlapphut – als »gesichtslos«, unbekannt, nicht zu fassen galt.

Bei näherer Betrachtung jedoch bröckelt dieser Mythos. Ein »Mann ohne Gesicht« war Markus Wolf nämlich nie gewesen. Tatsächlich existierten zahlreiche Fotos von ihm, sein Name und sein Rang waren im Westen ohnehin bekannt. Geboren wurde er im württembergischen Hechingen am Neckar, und Bilder der Familie Wolf vor ihrer Flucht vor den Nazis nach Moskau 1933 waren vorhanden. Gleiches galt für Presseausweise mit einem Foto von Wolf aus seiner Zeit als Journalist Ende der 1940er-Jahre, etwa für die Nürnberger Kriegsverbrecherprozesse. Ein Gesicht konnten (nicht nur) die westlichen Nachrichtendienste mit dem Namen Markus Wolf auch von zahlreichen Militär- oder Maiparaden in Verbindung bringen, bei denen der gute »Mischa« in den ersten Reihen zu sitzen pflegte. Ein gesichtsloser Unbekannter war er 1979 sicherlich nicht. Warum also das große Aufhebens um das Stockholmer Foto, das es auf die Titelseite des *SPIEGEL* schaffte?

Abgesehen von der Tatsache, dass die Lesart vom »Mann ohne Gesicht« Wolfs eigenen Mythos beförderte, steigerte die angeblich erstmalige Enttarnung auch den Wert des Überläufers Werner Stiller. Stiller wurde 1979 zum größten geheimdienstlichen Erfolg gegen die Stasi hochstilisiert. Insbesondere der *SPIEGEL*-Artikel vom März 1979 ließ daran keinen Zweifel. Wie heute bekannt ist, war der tatsächliche Wert Stillers für den BND deutlich geringer, als der Artikel Glauben machen wollte. Die Sensationsgeschichte war gespickt mit gezielten Übertreibungen, genauso wie Jahre später Stillers (erste) Erinnerungen.

Ein Zufall? Mitnichten! In der Regel gibt es keine Zufälle, wenn Geheimdienste über Presseartikel mit- und übereinander kommunizieren. Allein die Tatsache, dass der Fall Stiller nur sechs Wochen nach dessen Überlaufen noch während seiner Befragungen an die Presse ging, zeugte von Strategie. Eines war klar: Die nicht gerade mit dem besten Image gesegneten Agenten des BND wollten nicht nur selbst in der bundesdeutschen Presse gut dastehen, sie wollten auch ihre Gegenspieler in Ost-Berlin so weit als möglich verunsichern. Das Foto von Wolf war dabei ein Signal an den Chefspion selbst: »Wir kennen dich, wir sehen dich!« Dasselbe galt für die angeblich tief greifenden Erkenntnisse des BND und des Verfassungsschutzes über den Apparat der Stasi-Spionage, die in dem Artikel sowie in Stillers erstem Buch angedeutet wurden. Eine Übertreibung, die jedoch die gewünschte Wirkung nicht verfehlte. Markus Wolf zog 1997 die Bilanz, dass der größte Schaden, den der Überläufer Werner Stiller für die Stasi bedeutete, die verschärften internen Sicherheitsvorkehrungen waren, die Minister Mielke dem gesamten Apparat auferlegte und die das Arbeiten erheblich erschwerten. Wolf selbst konnte sich auf Jahre nicht mehr ins westliche Ausland trauen. Eine paradoxe Situation: Der BND strickte durch eine psychologisch ausgeklügelte Desinformation eifrig mit am Mythos vom »Mann ohne Gesicht« in Ost-Berlin, um ihm gleichzeitig das Leben schwer zu machen.

Mythos Nr. 55 –
Die neutralen Staaten Schweiz und Österreich waren weniger von Spionage betroffen

Nur wenige europäische Kleinstaaten waren offiziell »neutral«, was vor allem bedeutete, dass sie im Kalten Krieg weder dem östlichen noch dem westlichen Militärbündnis angehörten. Die Schweiz und bis zum NATO-Beitritt 1995 auch Österreich waren und sind die prominentesten Beispiele. Kleine neutrale Staaten, so könnte man meinen, sind für Spione und Geheimdienste nicht von Interesse. Ein großer Mythos!

Tatsächlich waren und sind neutrale Länder von großem nachrichtendienstlichem Interesse. Sie bieten ideale Voraussetzungen für Agententreffs, Schmuggeloperationen, als Rückzugsräume, Zwischenstationen und logistische Basis. Ganz zu schweigen davon, dass auch in neutralen Staaten Aufklärungsziele von höchstem Interesse existieren. Die beiden Alpenrepubliken sind hierfür die besten Beispiele.

Die Schweiz gehörte zwar keinem Militärbündnis an, nachrichtendienstlich jedoch gehörte sie zum Westen. So zumindest sahen es die sozialistischen Dienste. Sie machten die Schweiz zum militärischen Aufklärungsziel, warben Agenten an und spähten die Bundesarmee aus. Vor allem Stasi und KGB hatten ein Interesse an den Eidgenossen: Denn von hier aus konnte man das westliche Embargo umgehen. Über Tarnfirmen und findige Geschäftspartner wurde westliche Spitzentechnologie in den Osten geschafft. Auch Israel setzte mitunter auf den Umweg über die Schweiz. Als Frankreich 1968 für Ersatzteile des Mirage-Kampfflugzeuges, das auch Israel benutzte, ein Exportverbot verfügte, sah sich der israelische Mossad kurzerhand in der Schweiz um. Bei der Winterthurer Sulzer AG wurde er fündig und beschaffte sich über den Ingenieur Alfred Frauenknecht sage und schreibe 200.000 Konstruktionspläne, anhand derer sich Ersatzteile herstellen ließen.

Diese Aktivitäten blieben der Schweiz nicht verborgen. Doch anstatt aggressiv dagegen vorzugehen, sammelten die Staatsanwaltschaft und der Nachrichtendienst

Beweise. Dabei kooperierte der schweizerische Nachrichtendienst des Bundes mit dem deutschen Bundesnachrichtendienst. Über Standleitungen flossen Informationen in die Pullacher BND-Zentrale. Um wirklich sicherzugehen, hatte der deutsche Nachbar auch gleich eine eigene Abhöranlage nahe der Grenze installiert.

Natürlich darf beim Thema Schweiz das Bankgeheimnis nicht fehlen. Auf immer noch unbekannten Wegen schaffte die DDR-Staatspartei SED in den Wendejahren 1989/90 Teile ihres Vermögens in die Schweiz. Jahrzehntelanges Zerren brachte 2017 eine rechtliche Lösung: Weitere rund 130 Millionen Euro aus dem in die Schweiz abgeflossenen SED-Vermögen sollen zurück an die ostdeutschen Bundesländer gehen.

In der anderen Alpenrepublik Österreich zeigt sich ein ähnliches, sogar noch extremeres Bild. Während der ersten zehn Jahre nach dem Zweiten Weltkrieg, als Österreich noch in vier alliierte Sektoren unterteilt war, konkurrierte Wien mit Berlin um den Titel »Hauptstadt der Spione«, und es wurde spioniert, was das Zeug hielt. Auch danach blieb Österreich ein El Dorado für Geheimdienste. Ein Grund: Spionage und Agententätigkeiten sind nur dann strafbar, wenn sie sich gegen Österreich richten. Daran hatten Ost und West jedoch weniger Interesse. Allerdings gab es in Österreich regelmäßige Treffen des sowjetischen KGB mit den Agenten aus Deutschland. Oleg Tumanov zum Beispiel, KGB-Agent in der russischen Sektion von Radio Free Europe in München, traf sich mit seinen Führungsoffizieren ausschließlich im zwei bis drei Stunden entfernten Österreich.

Auch der Embargohandel blühte. Für die DDR-Auslandsspionage HV A war die Wiener Residentur die wichtigste Anlaufstelle, um das westliche Embargo zu umgehen. Hightech-Firmen wie Kibolac, Rudolf Sacher Inc. oder Lylac wurden durch Kooperation der Wiener HV-A-Mitarbeiter mit österreichischen Unternehmern gegründet, um West-Technologie über die Tschechoslowakei in die DDR zu bringen – neben zahllosen legalen und halblegalen Firmen, die das DDR-Schattenwirtschaftsimperium KoKo (Kommerzielle Koordinierung) in und mit Österreich unterhielt!

Mythos Nr. 56 –
Der BND hat keinen Sinn für Humor

Das Volk interpretiert die DDR-Fahne so: »An einem schwarzen Freitag kamen die Roten, sie versprachen uns goldene Ähren, und heute müssen wir verdammt gut zirkeln, damit wir nicht unter den Hammer kommen.«

Humor und Witze sind zweifellos Bereiche, mit denen deutsche Bundesbehörden selten in Verbindung gebracht werden. Das gilt besonders für die grauen Jahre der Bonner Republik und insbesondere für den Bundesnachrichtendienst. Doch weit gefehlt!

Spaßvögel der Abteilung Auswertung für die politische Lage der DDR im Referat 32c des BND in Pullach kamen Ende der 1970er-Jahre auf eine Idee, die ihnen niemand zugetraut hätte: Zur Ergänzung ihres Lagebildes über die Stimmung der Deutschen jenseits der Mauer ließen sie sich eine Operation einfallen, die über ein Jahrzehnt bis zum Ende der DDR Bestand haben sollte: Sie sammelten politische Witze über die DDR. Sogar der (Deck?-)Name der zuständigen Sachbearbeiterin ist heute bekannt: Renate Rust.

Erst zwischen 2009 und 2015 wurden die mit dem Vermerk »VS-Vertraulich«, dem zweiten von vier Geheimhaltungsgraden, unter Verschluss gehaltenen Dokumente seitens des BND und des Kanzleramts freigegeben. Aber wie hatte sich der BND die Witze beschafft? Waren Pullacher James-Bond-Verschnitte etwa zum humoristischen Außendiensteinsatz in geheimer Mission in die DDR geschickt worden? Der ehemalige BND-Präsident Hans-Georg Wieck lüftete 2016 das Geheimnis: In Aufnahmelagern für DDR-Flüchtlinge in Berlin, Niedersachsen und Hessen fragten BND-Beamte des »Bundesamtes für Befragungswesen« seit 1977 gezielt nach Witzen. Hinzu kamen sogenannte »Reisequellen« des BND: Lkw-Fahrer, Zugpersonal oder Rentner, die sich regelmäßig zwischen Ost und West bewegten. Befragungen und deren Auswertungen nach sozialwissenschaftlichen Kriterien gehörten bereits seit den 1950er-Jahren zu den weniger spektakulären Methoden des BND. Schon eher den nachrichtendienstlichen Gepflogenheiten entsprachen Witze, die als Nebenprodukte der Telefonaufklärung anfielen, bei der »Operation Rinde« zum Beispiel oder bei der »Post- und Fernmeldekontrolle«.

In die Tausende ging die Witz-Ausbeute des BND, 657 wurden dem Kanzleramt, dem Innenministerium oder dem Ministerium für Innerdeutsche Beziehungen vorgelegt. Zwei Bundeskanzler, Helmut Schmidt (1974-1982) und Helmut Kohl (1982-1998), konnten so den Arbeitstag mit

einem guten Kalauer beginnen. »Die beiliegende Sammlung von Witzen und ›Fundsachen‹ entspricht sicher nicht
klassischem nachrichtendienstlichen Aufkommen. Gleichwohl offenbart der politische Witz in totalitären Systemen
mitunter Missstände und Gegenströmungen zur gelenkten
öffentlichen Meinung drastischer und unmittelbarer, als
ausgefeilte Analysen dies vermögen. Die Sammlung beruht
weitgehend auf Originalton. Ich wünsche Ihnen bei der
Lektüre viel Vergnügen« – so BND-Präsident Hans-Georg
Wieck 1986 an Helmut Kohl in seinem Begleitschreiben
zum Witz-Dossier.

Kohls Interesse weckten die Witze trotzdem nicht,
ebenso wenig wie das seines Vorgängers Helmut Schmidt.
Beide reichten die Sammlungen an ihre Staatssekretäre
weiter, obwohl der BND die halbjährliche Witze-Sendung
in die Karnevalshochburg Bonn stets auf den Rosenmontag
und den 11.11. datierte. War der BND mit dieser unge-
wöhnlichen Vorgehensweise seiner Zeit voraus? Oder wollte man mehr Aufmerksamkeit für die allzu gefragten Analysen erregen? Dass sich der BND mit der Auswertung
politischer Witze aus einer Diktatur durchaus ein Bild der
dortigen Lage machen konnte, bestätigen jedenfalls zahlreiche Forschungen.

Mit seinem Faible für den politischen Witz aus dem
Ostblock war der BND nicht allein: Auch die CIA ließ ihre
Moskauer Mitarbeiter Witze dokumentieren. Eine Auswahl
ging an den *Intelligence Director* in Washington, einer der
Witze soll es sogar ins Repertoire von Präsident Reagan ge-
schafft haben: »Sagt ein Amerikaner zu einem Russen: ›In
Amerika sind wir so frei, ich kann mich vors Weiße Haus

stellen und brüllen: Zur Hölle mit Reagan, zur Hölle mit Reagan.‹ Antwortet der Russe: ›Das ist gar nichts. Ich kann mich auch vor den Kreml stellen und brüllen: Zur Hölle mit Reagan, zur Hölle mit Reagan.‹«

Selbst 1989, als der Beginn der Karnevalssaison auf den zweiten Tag nach dem – historisch ungleich bedeutsameren – Fall der Berliner Mauer fiel, schickte Pullach noch die neueste Sammlung DDR-Witze ins Kanzleramt. Einer dieser letzten Witze lautete: »Wie wurde das große Erbe von Karl Marx aufgeteilt? – Die DDR bekam das *Manifest* und die Bundesrepublik das *Kapital*.«

Skandale

Mythos Nr. 57 – Alt-Nazis in BND und Verfassungsschutz

Die westdeutschen Nachrichtendienste Verfassungsschutz, Bundesnachrichtendienst und später auch der Militärische Abschirmdienst waren ein Hort von NS-Kriegsverbrechern – so ein gängiger Mythos. Stetig genährt wurde er von der DDR-Propaganda, für die NS-Kontinuitäten ohnehin eine der Hauptangriffsflächen gegen den westdeutschen Staat boten.

1961 kam der Verrat des Doppelagenten Heinz Felfe hinzu. Der Leiter der Gegenspionage des BND hatte seit den 1950er-Jahren für den sowjetischen KGB spioniert und viele BND-Operationen ins Leere laufen lassen, nachdem er mit seiner Zugehörigkeit zur SS, die er bei seiner Einstellung verschwiegen hatte, erpresst worden war. Dieser erste große Spionageskandal in Westdeutschland wurde zu einer öffentlichen Schlammschlacht. Am BND haftete das Image als Hort der Alt-Nazis, und über Jahrzehnte sollte dieses Bild eher schlimmer als besser werden und zu einem gestörten Verhältnis der deutschen Öffentlichkeit, aber auch

der Bundesregierung zu ihren Nachrichtendiensten beitragen.

Erst etwa 70 Jahre nach der Gründung von BND und Verfassungsschutz war es möglich, diesem diffusen Image auf
den Grund zu gehen. Auf der Suche nach Alt-Nazis sezierten
von der Bundesregierung eingesetzte Historiker-Kommissi-
onen sämtliche Bundesbehörden, auch die Nachrichtendienste. Die Ergebnisse zeigen ein komplexes Bild: Quantitativ waren sowohl Verfassungsschutz als auch BND weniger
belastet als das Bundeskriminalamt oder das Justizministerium. Im BND zum Beispiel hatten in den 1950er-Jahren
knapp über die Hälfte der Mitarbeiter eine NS-Vergangenheit, in den 1960er-Jahren noch etwa ein Drittel. Die meisten
davon kamen aus der Waffen-SS, in höhere Positionen
schafften es jedoch nur ehemalige Mitarbeiter des Wehr-
machts-Nachrichtendienstes »Amt Abwehr«. Auf über
90 Prozent in den 1950er- und über 50 Prozent in den 1960er-
Jahren steigen die Zahlen jedoch, wenn die Zugehörigkeit
zur Wehrmacht mit eingeschlossen wird (was damals nicht
als »Belastung« angesehen wurde, solange keine direkte Beteiligung an Kriegsverbrechen nachzuweisen war).

Die Nachrichtendienste hatten ihre Bewerber auf ihre
Tätigkeit während der NS-Zeit überprüft, dabei jedoch oftmals nur lasche Maßstäbe angelegt. Gerade in der frühen
Nachkriegszeit wurden Bestimmungen häufig umgangen,
indem »alte Kameraden« auf inoffiziellem Weg als freie
Mitarbeiter beschäftigt wurden. Der ehemalige Wehr-
machtsoffizier und spätere BND-Chef Gehlen rekrutierte
seine Mitarbeiter mit Vorliebe aus seiner Meinung nach
»unbelasteten« Wehrmachtskreisen.

In den 1960er-Jahren begann infolge des Felfe-Skandals eine Welle interner Überprüfungen, streng geheim und hinter verschlossenen Türen. 16 Mitarbeiter des Verfassungsschutzes und 68 des BND mussten daraufhin gehen. Einige NS-belastete Mitarbeiter waren durch geltendes Arbeitsrecht vor Entlassung geschützt, über andere wurde schützend die Hand gehalten.

Soweit die Zahlen und Fakten. In ihrer Arbeit selbst waren die »Organisation Gehlen« und der daraus entstandene BND bis in die 1960er-Jahre ungleich stärker von NS-Denken geprägt als das Bundesamt für Verfassungsschutz. Bei den Kölner Verfassungsschützern war die NS-Vergangenheit in der Gesamtheit nicht bedeutsam in Bezug auf operative Arbeit und Ausrichtung. Der BND hingegen jagte Fantasien einer kommunistischen Unterwanderung hinterher und spionierte im Inland »unzuverlässige« Politiker, Beamte und Intellektuelle aus.

Ein Mythos, bei dem realer Kern, Übertreibungen und historische Tatsachen komplex miteinander verknüpft sind.

Mythos Nr. 58 – Der Kanzleramtsspion Günter Guillaume war eine Spitzenquelle

Am Morgen des 24. April 1974 bekam Günter Guillaume, der persönliche Referent von Bundeskanzler Willy Brandt, ungebetenen Besuch: Hausdurchsuchung und Festnahme wegen Spionageverdachts. Die Beamten begrüßte er mit den Worten: »Ich bin Offizier der Nationalen Volksarmee der DDR und Mitarbeiter des Ministeriums für Staatssicherheit. Ich bitte, meine Offiziersehre zu respektieren.« Entgegen aller Grundlagen der Agentenausbildung hatte sich Guillaume ohne Not selbst enttarnt. Dabei hatten Verfassungsschutz und Polizei, wie sich bald zeigen sollte, nicht mehr als einen Verdacht.

Die Gazetten überschlugen sich mit Begriffen wie »Spitzenquelle« und »Unterwanderung«, die Spionageaffäre wuchs sich zu einer handfesten Staatskrise aus. Die Regierung des ersten sozialdemokratischen Bundeskanzlers seit Gründung der Bundesrepublik 1949 war ohnehin umstritten wie kaum eine Regierung davor oder danach. Der erste Linksrutsch der Republik, Studentenproteste, Notstandsgesetze, die Annäherung an die Sowjetunion und die DDR durch Brandts »neue Ostpolitik« und das folgende Misstrauensvotum gegen den Kanzler 1972, das er nur mit knapper Mehrheit überstand. Zwei Wochen nach Guillaumes Verhaftung trat Bundeskanzler Willy Brandt – als erster und einziger deutscher Regierungschef – wegen eines Spions zurück.

Auf den ersten Blick sah alles nach einem echten Top-Spion aus. Doch so genau wusste eigentlich niemand, was Guillaume im Auftrag der DDR-Spionage gemacht hatte. Selbst vor Gericht kam nur wenig Erhellendes ans Tageslicht. Die Frage, welche Informationen Guillaume nach Ost-Berlin gesendet hatte, konnte auch die Spionageabwehr des Verfassungsschutzes nicht beantworten, die Guillaume durch abgefangene Funksprüche auf die Spur gekommen war, in denen die Stasi ihm zum Geburtstag gratulierte.

Klar wurde vor Gericht nur Guillaumes Werdegang: 1951 von der Auslandsspionage HV A angeworben, kam er 1956 vorgeblich als Flüchtling in die Bundesrepublik. Vom unscheinbaren Kioskhändler in Frankfurt stieg er zum SPD-Lokalpolitiker auf, organisierte den Wahlkampf von Bundesminister Leber in Hessen und wurde dafür als Referent im Kanzleramt vorgeschlagen. Dass die Stasi Guillaume ins Kanzleramt eingeschleust oder gezielt darauf angesetzt hatte, war schlichtweg nicht wahr. Guillaume hatte sich geschickt verhalten, als loyaler SPD-Funktionär präsentiert und hatte auch ein Quäntchen Glück. Es sprach natürlich für die Geduld der Genossen in Ost-Berlin und für eine gute Agentenführung, dass Guillaume die richtigen Entscheidungen traf. Anderseits wirkte er in dieser Zeit kaum im Sinne der DDR-Politik, denn das hätte Verdacht erregt und zur Enttarnung führen können. Gewissermaßen arbeitete Guillaume also mehr für die SPD als für die SED.

Das sicherlich größte Versagen des Bonner Apparates war, dass Guillaume trotz aller Sicherheitsüberprüfungen bis ins Kanzleramt vordringen konnte. Als er 1972 vom Referenten für Wirtschafts-, Finanz- und Sozialpolitik zum persönlichen Referenten des Kanzlers aufstieg, hätten die Alarmglocken läuten müssen. Das taten sie aber auch ein Jahr später nicht, als die Spionageabwehr des Bundesamtes für Verfassungsschutz bereits einen konkreten Verdacht gegen Guillaume hegte. BfV-Präsident Zimmermann sprach mit Innenminister Genscher, doch niemand warnte den Kanzler. Stattdessen wurde Guillaume auf seinem Posten belassen und weiter beobachtet, der Bundeskanzler persönlich fungierte als eine Art unwissender Lockvogel. Das war der eigentliche politische Skandal in der Guillaume-Affäre. Bezeichnend, dass Innenminister Genscher sie überlebte und Bundeskanzler Brandt nicht.

Das Wichtigste für eine Spitzenquelle und einen Top-Spion ist, dass er über einen längeren Zeitraum unerkannt erstklassige Informationen liefert, um den politischen Entscheidungsprozess seiner Regierung maßgeblich zu befördern. Genau das traf jedoch auf Günter Guillaume nicht zu. Über Jahre hinweg musste Guillaumes kometenhafter Aufstieg in der SPD seitens der DDR-Spionageabteilung so vorsichtig gehandhabt werden, dass er nur vergleichsweise wenige Aufträge bekam und auch nur selten Verbindung zu ihm aufgenommen wurde, um kein Risiko einzugehen.

Und wie viele Informationen lieferte IM »Hansen« oder »Heinze«, wie Guillaumes Deckname bei der Stasi-Spionage lautete? Wie die mittlerweile rekonstruierten statistischen Datenbänke enthüllen, genau 24 Einzelinformationen im Zeitraum zwischen 1969 und 1975, die meisten davon betrafen Vorgänge innerhalb der SPD. Für 19 dieser Informationen liegt eine Auswertung der DDR-Spionageabteilung vor: Gerade einmal fünf bekamen das Prädikat »wertvoll« (was nur der zweithöchsten Kategorie entsprach). Damit war der tatsächliche Wert Guillaumes nicht einmal als mittelmäßig einzustufen. Seine symbolische Bedeutung übertraf dies allerdings um ein Vielfaches.

Aber auch dieser symbolische Wert geriet ins Wanken. Denn der Agent Günter Guillaume war nicht nur keine ergiebige Quelle für wichtige Informationen, sondern führte zu unerwünschten politischen Folgen. Der Sturz von

Bundeskanzler Willy Brandt lief den Absichten der DDR nämlich entgegen. Als Regierenden Bürgermeister von Berlin hatten DDR und Stasi Brandt noch scharf bekämpft, als Bundeskanzler der »neuen Ostpolitik« und der Annäherung an das sozialistische Lager war Brandt den Genossen in Ost-Berlin jedoch allemal lieber als seine konservativen Gegenspieler Rainer Barzel oder Franz Josef Strauß. Als Willy Brandt 1972 die Vertrauensfrage im Deutschen Bundestag stellte und Oppositionsführer Barzel den Sturz des Kanzlers witterte, hatte die Stasi den Kanzler an der Macht gehalten, indem sie zwei Stimmen für ihn kaufte. Nicht einmal zwei Jahre später stürzte Brandt wegen des Stasi-Spions Guillaume. Dessen Geschichte als Kanzleramtsspion war stets mehr Mythos als Realität, denn sie war ein riesiger Misserfolg.

Mythos Nr. 59 – Franz Josef Strauß war ein amerikanischer Spion

Im Sommer 2015, just zum 100. Geburtstag von Franz Josef Strauß, bekam er ein spezielles posthumes Geschenk: In einem Zeitungsartikel wurde er zum amerikanischen Spion ernannt. Der bayerische Ministerpräsident, mehrfache Bundesminister, Übervater der CSU und neben dem ersten Bundeskanzler Konrad Adenauer das Gesicht des westdeutschen Konservatismus während der Bonner Republik – ein ausländischer Agent?

Sämtliche Tageszeitungen brachten die Schlagzeile. Von sensationellen Enthüllungen war die Rede. Was war geschehen? Eine Akte im Stasi-Archiv enthielt ein mehrseitiges Papier, in dem die fantastische Geschichte erzählt wurde, wie der junge Franz Josef Strauß als Soldat im letzten Kriegsjahr heimlich militärische Informationen an das amerikanische Office for Strategic Services, den Vorläufer der CIA, weitergegeben habe. Durch diese strategischen Informationen habe Strauß den Amerikanern die Einnahme der deutschen »Alpenfestung« wesentlich erleichtert. In demselben Artikel wurde auf eine zweite Quelle interessanter Herkunft verwiesen: Der V-Mann »Leder« des BND, der im Zusammenhang mit dem amerikanischen Rüstungskonzern Lockheed Kontakt zu Strauß hatte und sich des Öfteren in der DDR aufhielt, berichtete von ominösen Dokumenten, die man ihm in der sowjetischen Botschaft in Ost-Berlin gezeigt hatte. Auch sie enthielten dieselbe Information: Strauß sei ein Agent des OSS gewesen.

So weit klang alles nach einer sensationellen Enthüllung. Doch die Geschichte hatte einen gravierenden Haken: Sie war eine Fake-News-Story des Kalten Krieges, erdacht von den Desinformationsabteilungen des KGB und der DDR-Auslandsaufklärung HV A. Eigentlich hätte das auch seit Ende der 1980er-Jahre bekannt sein müssen. Denn 1987 veröffentlichte der KGB-Überläufer Ilya Dzhirkvelov seine Memoiren, und darin war unter anderem zu lesen, wie der KGB Anfang der 1960er-Jahre den Plan fasste, Strauß zum amerikanischen Agenten zu machen: Der KGB und die Internationale Abteilung des ZK der KPdSU hatten im Mai 1961 geplant, einer Delegation der SPD-nahen Zeitschrift *Vorwärts* bei einem Moskau-Besuch die Information zuzuspielen, Strauß sei Agent der amerikanischen

Geheimdienste. Die Intention hinter dieser »aktiven Maßnahme«, wie die sozialistischen Geheimdienste ihre Desinformationsoperationen nannten, war, die ihrerseits bevorzugten Sozialdemokraten im Wahljahr 1961 zu stärken.

Nachdem dieser Versuch gescheitert war, versuchten KGB und Stasi es noch einmal. Der berüchtigte Minister für Staatssicherheit, Erich Mielke, ließ Informationen über Strauß zusammentragen, die von der Abteilung »X« für eine Desinformationskampagne gegen Strauß verwendet werden sollten. Selbige Abteilung hatte, wie ehemalige Mitarbeiter in den 1990ern enthüllten, sogar einen eigenen Strauß-Experten, dessen Aufgabe es war, sich in Strauß »hineinzudenken«, um gefälschten Dokumenten einen scheinbar echten Stil zu verleihen.

Auch die Einbindung des BND-Agenten »Leder« passte in dieses Schema: Angebliche Original-Dokumente mit brisantem Inhalt aus dem Hut zu zaubern gehörte zum Standardrepertoire der Geheimdienste. In diesem Fall sollte verhindert werden, dass sie auf ihre sowjetische Herkunft zurückverfolgt werden konnten. Stattdessen sollte ein wissender oder unwissender Multiplikator, ein »nützlicher Idiot«, als Quelle gelten. Im Fall des Agenten »Leder« funktionierte es wie geplant. Bezeichnend war auch die Tatsache, dass der BND keinerlei Reaktion zeigte. Sowohl die Masche als auch der Inhalt waren den bundesdeutschen Sicherheitsbehörden ohnehin vertraut: 1985 hatte das Innenministerium in einem Artikel über Desinformationsoperationen der Ost-Geheimdienste einen gefälschten Brief über finanzielle Zuwendungen an Strauß erwähnt, den der ehemalige CIA-Chef Allan Dulles 1958 verfasst haben sollte und der 1976 beim Bonner Verteidigungsministerium einging.

Letztlich handelte es sich sowohl bei den im MfS- als auch im BND-Archiv gefundenen Hinweisen um Spuren derselben Operation: einer Desinformationskampagne gegen Franz Josef Strauß. Diese wurde während des Kalten Krieges von den 1950er- bis in die 1970er-Jahre immer wieder aufgewärmt. Dass die Geschichte aber 25 Jahre nach dem Ende des Kalten Krieges noch einmal ein Nachleben entwickelte, machte die Story zu einem wahren Geheimdienstmythos.

Mythos Nr. 60 – Der bulgarische Geheimdienst und das Papstattentat

Am 25.11.1982 wurde der Vertreter der staatlichen bulgarischen Luftfahrtgesellschaft BGA, Sergej Antonov, in Rom verhaftet. Der Papstattentäter Ali Agca hatte in der Untersuchungshaft ausgesagt, er sei von der bulgarischen Staatssicherheit DS *(Dyrzhavna Sigurnost)* zum Attentat auf das Oberhaupt der katholischen Kirche angestiftet worden, und er hatte Antonov als einen seiner Verbindungsmänner genannt. So entstand bei den Ermittlungen in einem der spektakulärsten Mordversuche des 20. Jahrhunderts die »bulgarische Spur« – einer der größten Geheimdienstmythen.

Von Publizisten wie der amerikanischen Journalistin Claire Sterling und dem ehemaligen CIA-Mitarbeiter Paul Hentze begierig aufgenommen, machte die »Bulgarian

Connection« weltweit Schlagzeilen. Doch die folgenden Ermittlungen brachten vor allem das Ergebnis, dass Agca sich in Widersprüchen verstrickte. Nicht einmal die Straße, in der Antonov wohnte, oder dessen Wohnung konnte Agca korrekt beschreiben, obwohl er sich dort angeblich mehrfach mit ihm getroffen hatte. 1986 kehrte Antonov, vor Gericht in Rom von allen Anschuldigungen freigesprochen, nach Sofia zurück.

Ein Geheimdienstmythos stirbt jedoch nicht so leicht. Zu groß ist die Verlockung, ihn immer wieder auferstehen zu lassen. So sorgten 1995 Dokumente der Stasi-Unterlagenbehörde abermals für Schlagzeilen: Aktenfetzen belegten, dass die Stasi und die Bulgaren bei Desinformationsmaßnahmen im Nachgang des Papstattentats kooperiert hatten. Sogleich wurden Mutmaßungen über eine bulgarisch-ostdeutsche Verschwörung laut, die 2005 von einem parlamentarischen Untersuchungsausschuss in Italien aufgegriffen wurden. Bei diesen absurden Schlussfolgerungen wurde allerdings völlig vernachlässigt, dass Stasi und DS bereits seit 1966 bei sogenannten »aktiven Maßnahmen« gemeinsam Desinformation und Propaganda betrieben.

1982, nach Antonovs Verhaftung, hatten die Bulgaren eine Task Force gegründet, um ihre Unschuld zu beweisen. Im Zuge dessen wandten sie sich auch an Moskau und Ost-Berlin.

Aus allen Aufzeichnungen des bulgarischen Politbüros und der Leitung der Staatssicherheit spricht echte Überraschung, sowohl über das Attentat als auch über die plötzliche »bulgarische Spur«. Der kopflose Aktionismus entsprach dem Gegenteil einer von langer Hand geplanten

Vertuschung. Bis zur Verhaftung Antonovs hatte es keinen Plan gegeben, weder vorbereitete Täuschungskampagnen noch vorsorglich fabrizierte entlastende Informationen. Stattdessen stürzten sich Außen- und Innenministerium auf der Suche nach entlastenden Informationen in jahrelange Ermittlungen. Wäre das Papstattentat vom bulgarischen Staatsapparat geplant worden, hätte ihn die »bulgarische Spur« wohl kaum so unvorbereitet getroffen. 1985 beschwerte sich der Leiter der bulgarischen Auslandsaufklärung bitterlich bei seinem sowjetischen Pendant darüber, in der Propagandaschlacht nach dem Papstattentat alleingelassen worden zu sein. Mindestens drei Jahre lang band die Suche nach entlastenden Informationen wesentliche Ressourcen der bulgarischen Staatssicherheit. 1985 übermittelte man der Stasi einen zweiseitigen Fragebogen für den Überläufer aus den Reihen des bundesdeutschen Verfassungsschutzes Hansjoachim Tiedge. Sämtliche Fragen drehten sich um das Papstattentat, eine mögliche Verwicklung der deutschen Geheimdienste und die Planung der »antibulgarischen Propaganda«.

Ein noch stärkeres Argument spricht gegen die Bulgaren als Drahtzieher des Attentats: die Unfähigkeit der bulgarischen Staatssicherheit, eine Operation solchen Ausmaßes im Ausland überhaupt durchzuziehen! In den 1970er-Jahren bettelte die DS, die sich seit 1969 als Regionalfiliale des KGB betrachtete, bei ihren Partnern um Mordwaffen, Gifte oder Sprengsätze. Der »bulgarische Regenschirm« machte den bulgarischen Geheimdienst über Nacht weltberühmt, doch ohne den KGB waren die Bulgaren bei Morden im Ausland völlig aufgeschmissen.

In den eigenen Reihen des bulgarischen Geheimdienstes gab es Kritik, dass in der Westeuropa-Abteilung III, die auch für Italien und den Vatikan zuständig war, Anfang der 1980er-Jahre eine »unnormale Lage« herrschte: Die Abteilung stand nämlich fast ohne Agenten im Ausland da. Eine logistische Basis in Rom war damit nicht vorhanden. Und dass offizielle Vertreter staatlicher Einrichtungen für solche Aktionen eingesetzt wurden, scheint äußerst unwahrscheinlich. Zu groß wäre das Risiko gewesen, dass genau das passierte, was geschah: ein unerwünschter diplomatischer und öffentlicher Skandal. Der Papstattentäter Ali Agca bezichtigte übrigens 2013 den iranischen Revolutionsführer Ayatollah Khomeini, ihn zu dem Attentat angestiftet zu haben. Ein Mythos ohne Ende – aber eben ohne »bulgarische Spur«.

Mythos Nr. 61 –
Die Geheimdienste warnten nicht vor den Anschlägen vom 11. September 2001

Als am 11. September 2001 zwei von Terroristen entführte Flugzeuge in die Türme des New Yorker World Trade Centers krachten, begann eine neue Zeitrechnung: Terrorismus wurde zum alles bestimmenden Thema der Geheimdienste. Unzählige Verschwörungstheorien ranken sich um die Ereignisse im Vorfeld von 9/11 – und um die Rolle der Geheimdienste. Für viele Verschwörungsfanatiker steht fest: CIA und Co. hatten ihren »alten Bekannten« aus dem Afghanistankrieg der 1980er-Jahre, Osama bin Laden, selbst mit dem Anschlag beauftragt. Deswegen kam von den Geheimdiensten auch keine Warnung, sie steckten ja mittendrin in der Verschwörung.

Viele Informationen aus dem Vorfeld der Anschläge unterliegen nach wie vor der Geheimhaltung. Vor allem natürlich die der Geheimdienste. Ende 2002 setzte der US-Kongress eine Untersuchungskommission zu den Anschlägen ein, die sich explizit mit der Arbeit der Geheimdienste beschäftigen sollte. Rund zwei Jahre lang untersuchte die Kommission alles, was sie in die Finger bekommen konnte. Vollen Einblick in die Interna der Dienste und der Regierung bekam sie zwar nicht, doch was an Informationen zur Verfügung gestellt wurde, reichte für ein ziemlich klares Bild: Es lagen zahlreiche Hinweise auf einen sehr, sehr großen Terroranschlag vor, und diese Informationen wurden auch mit großer Regelmäßigkeit an die politischen Entscheidungsträger im Weißen Haus, dem Außen- und Innenministerium weitergegeben. Es war die Rede von einem Anschlag durch Osama bin Laden und Al-Qaida, der alles Bisherige in den Schatten stellen würde. Ahnungslosigkeit sieht anders aus.

Über die Einzelheiten, das genaue Wann, Wo und Wie, waren CIA und FBI nicht im Bilde. Dazu waren sie an den Attentätern und an Osama bin Laden nicht nah genug dran. Gleichzeitig, so wollte die 9/11-Kommission für die Nachwelt festhalten, unterliefen allen Geheimdiensten eklatante Fehler, die die Anschläge begünstigten. Die Koordination zwischen CIA und FBI war mangelhaft. Obgleich Hinweise vorlagen, dass dieses Mal ein Ziel in den USA wahrscheinlich sei, glaubten beide Dienste eher an einen

Anschlag auf US-Einrichtungen im Ausland. Keiner der bekannten Terroristen wurde daran gehindert, in ein Flugzeug zu steigen. Informationen über die Einreise von zweien der Attentäter in die USA hatte die CIA nicht an das FBI weitergeleitet. Weder Überprüfungen noch Sicherheitsvorkehrungen in den Flugzeugen waren überhaupt ein Thema.

Abgesehen davon, und auch das ist ein wichtiges Fazit der 9/11-Untersuchungen, konnten anhand der Informationen keinerlei Verbindungen zwischen dem irakischen Diktator Saddam Hussein und Al-Qaida nachgewiesen werden. Als der Abschlussbericht 2004 erschien, kam diese Erkenntnis einer Delegitimierung des 2003 begonnenen Irak-Krieges der Regierung von George W. Bush Jr. gleich. Dessen Regierung kam auch in Bezug auf ihr Agieren vor den Anschlägen des 11. September nicht gut weg. Zwar hielt sich die Kommission damit zurück, direkt Verantwortliche zu nennen, doch sie listete unzählige Berichte der Sicherheitsbehörden an die Regierung auf, die offenbar ohne konkrete Reaktionen blieben. Hinzu kam Versagen bei der Leitung und Koordination der Sicherheits- oder Flugaufsichtsbehörden.

Bei jedem neuen Terroranschlag fragen Medien und Öffentlichkeit, warum keiner der Sicherheitsdienste vor der drohenden Gefahr warnte und warum keine entsprechenden Schritte eingeleitet wurden. Wie auch beim Attentat auf den Berliner Weihnachtsmarkt 2016 zeigt sich im Zuge der anschließenden Untersuchungen: Hinweise und Erkenntnisse waren da, sie wurden jedoch nicht richtig verarbeitet. Auch dafür waren die Anschläge auf das New Yorker World Trade Center archetypisch.

Mythos Nr. 62 – BND-Agent »Curveball« verursachte den Irak-Krieg

In Deutschland ging die Geschichte des BND-V-Manns mit dem Decknamen »Curveball« nahezu unter. Politische Debatten um eine deutsche Beteiligung am Irak-Krieg 2002/03, das Duell zwischen Gerhard Schröder und Edmund Stoiber im Vorfeld der Kanzlerwahl sowie die Verwerfungen zwischen Deutschland und den USA nach dem deutschen Nein zum Irak-Krieg überschatteten eine wesentliche Randnotiz: Die US-Regierung machte zeitweilig einen V-Mann des BND für den Irak-Krieg verantwortlich. Wie kam es dazu?

Alles begann 1999, als sich Rafid Ahmed Alwan El Dschanabi in Bagdad in den Flieger setzte und nach München flog, wo er umgehend politisches Asyl beantragte. Er wurde in ein Aufnahmelager in Nürnberg-Zirndorf geschickt und dort vom Bundesnachrichtendienst befragt. Dabei erzählte er eine geradezu fantastische Geschichte: Er sei Experte für Chemiewaffen und im Irak Direktor einer Fabrik zur Herstellung von chemischen Kampfstoffen gewesen, die auch »mobile Anlagen zur Produktion« entwickelt habe. Der BND befragte ihn weiter und registrierte ihn als Quelle »Curveball«. Schon dieser Deckname deutet auf Zweifel der Befrager hin, hat Curveball doch zwei Bedeutungen: Im amerikanischen Baseball bezeichnet man damit einen angeschnittenen Flatterball und in übertragener Bedeutung etwas gänzlich Unerwartetes. Beides traf auf Curveballs Informationen zu.

Der BND gab die Ergebnisse der Befragungen auch an seine amerikanischen Partnerdienste CIA und DIA *(Defense*

Intelligence Agency) weiter. Persönlich durften die Amerikaner jedoch nicht mit Curveball sprechen, der Quellenschutz des BND hatte Vorrang. Noch heute nehmen Geheimdienstexperten diesen Fall als Paradebeispiel für die Probleme jeder nachrichtendienstlichen Zusammenarbeit.

Nicht schlecht gestaunt haben die Befrager und Auswerter des BND vermutlich, als Collin Powell, der damalige Außenminister der USA, am 5. Februar 2003 im UN-Sicherheitsrat eine US-Invasion im Irak mit den Informationen rechtfertigte, die Curveball dem BND gegeben hatte. Vor allem die mobilen Chemiewaffenfabriken wurden von Powell minutiös ausgebreitet. Nach dem Irak-Krieg zeigte sich jedoch: Es hatte keine Massenvernichtungswaffen gegeben, die USA hatten den Krieg unter falschem Vorwand geführt. Als Rechtfertigung hatten die Informationen des BND herhalten müssen!

Dabei fügte es sich natürlich gut ins Bild, dass Deutschland ohnehin gerade durch sein Nein zum Irak-Krieg in Ungnade gefallen war. Wer hätte sich besser zum Sündenbock geeignet als der Nachrichtendienst eines abtrünnigen Landes, der falsche Informationen weitergegeben hatte? Doch, so zeigten Untersuchungen, den BND traf offenbar keine Schuld. Die Glaubwürdigkeit der Quelle Curveball war richtig eingeschätzt geworden. BND-Präsident August Hanning hatte sein amerikanisches Pendant, CIA-Chef George Tenet, sogar schriftlich gewarnt. Der Regierung Schröder berichtete der BND ebenfalls von fehlenden Beweisen für Massenvernichtungswaffen im Irak. Auch in der CIA hatten zahlreiche Beamte vor den Curveball-Informationen gewarnt. Die Regierung Bush jedoch hatte alle

Zweifel beiseitegeschoben und jede Möglichkeit genutzt, den bereits beschlossenen Krieg international zu rechtfertigen.

Und Rafid Ahmed Alwan El Dschanabi alias Curveball? 2007 enthüllten Journalisten seine Identität, nachdem mehrere Untersuchungskommissionen seine Angaben sämtlich als Lügen entlarvt hatten. Im Irak hatte er zwar chemische Ingenieurswissenschaften studiert, war allerdings der schlechteste (nicht wie er behauptete, der beste) Student seines Jahrgangs gewesen. Er hatte auch nicht in einer Chemiewaffenfabrik gearbeitet, sondern bei der TV-Produktionsfirma von Uday Hussein, dem Bruder des Diktators Saddam Hussein. Dort war er wegen Diebstahls entlassen worden und wurde polizeilich gesucht, woraufhin er nach Deutschland floh. Bei mehreren öffentlichen TV-Auftritten hat Curveball, der als deutscher Staatsbürger unter Schutz in Deutschland lebte, mittlerweile seine Lügen zugegeben – und um Vergebung gebeten.

Mythos Nr. 63 – »Abhören unter Freunden – das geht gar nicht!«

Die Vorlage zu diesem Mythos lieferte niemand anderes als Bundeskanzlerin Angela Merkel. Dass Staatsoberhäupter eine klare Aussage zu Methoden von Geheimdiensten machen, ist selten, denn Fallstricke und Fettnäpfchen in diesem Metier sind besonders schwer zu erahnen. Nur kurze Zeit später wird sich wohl auch der Pressestab des Kanzleramtes gewünscht haben, die Worte »Das geht gar nicht!«

wären der Welt niemals zu Ohren gekommen. An einer so klaren Stellungnahme muss man sich nämlich selbst messen lassen, und dabei zeigte sich: Spionage unter Freunden geht nicht nur, sondern ist sogar die Regel – auch in Deutschland.

Für Geheimdienstler war diese Erkenntnis beileibe keine Überraschung. Im Gegenteil, die angelsächsische Fachwelt fragte sich überrascht, wie sich *»spying on friends«* in Deutschland zu einem derartigen Skandal ausweiten konnte. Unter den Nachrichtendiensten selbst hingegen blieben eindeutige Reaktionen aus.

Das hatte natürlich einen Grund: Der Kooperation zwischen Staaten, vor allem zwischen Nachrichtendiensten, sind enge Grenzen gesteckt, auch innerhalb von Allianzen und Bündnissen. »Freunde« ist in diesen Beziehungen ohnehin ein eher unglücklicher, vielleicht sogar falscher Begriff. Staaten und Nachrichtendienste haben allenfalls Partner. Und diese Partnerschaften haben Grenzen. Kurzum: Nachrichtendienste können partnerschaftliche Beziehungen unterhalten. Das ändert jedoch nichts daran, dass die eigenen Interessen im Vordergrund stehen. Ein Sicherheitsbündnis wie die NATO schließt ein solches Interesse keineswegs aus.

Beispiele hierfür finden sich zuhauf: Mit Russland wurde jahrzehntelang auf geheimdienstlicher Ebene bei der Bekämpfung islamistischen Terrors kooperiert. Das bedeutete jedoch nicht, dass Russland und westliche Geheimdienste sich nicht mehr gegenseitig ausspionierten.

In vielerlei Hinsicht ist die Türkei ein noch augenscheinlicheres Beispiel: Seit 1953 gehört sie dem westlichen

Militärbündnis an. Zwischen Europa und arabischer Welt schwankend, bedeutete das jedoch nicht, dass sie sicherheitspolitisch kein relevantes Aufklärungsziel mehr war. Da die Türkei in mehreren militärischen Konflikten aktiv war (unter anderem mit dem NATO-Mitglied Griechenland im Zypernkonflikt), besteht sogar ein hohes Aufklärungsinteresse. »Spionage unter Freunden« geht hier nicht nur, sondern ist die grundlegende Aufgabe. Dass sich zudem Berichte über türkische Agentennetze in Deutschland mehren, zeigt, wie viele Bereiche auch bei Bündnispartnern von Nachrichtendiensten bearbeitet werden.

Wohl auf kaum einem anderen Gebiet tritt »Spionage unter Freunden« so deutlich zutage wie im Bereich der Wirtschafts-, Industrie- und Wissenschaftsspionage. Ein nicht geringer Teil der Telekommunikationsüberwachung durch die NSA in Deutschland soll genau diesem Zweck gedient haben. Eine große Überraschung war das nicht.

Wahrheit und Fiktion, oder Irrtum?

Mythos Nr. 64 – Geheimdienstler mögen keine Spionagefiktion

Agenten im aktiven Dienst tendieren dazu, ihre Geringschätzung für Spionagefilme und Spionageromane auch öffentlich kundzutun: »So ist das nicht.« »Vollkommen unrealistisch!« Tatsächlich sind die Verbindungen zwischen den Diensten und der Fiktion wesentlich enger als oftmals behauptet.

Auffällig ist, wie viele Autoren von Spionageromanen selbst aus dem Metier stammen: Ian Fleming, der Schöpfer von James Bond, arbeitete während des Zweiten Weltkrieges für den britischen Marinegeheimdienst und begann erst danach eine Karriere als Journalist und Schriftsteller. Auch der zweite Großmeister des Genres David Cornwell alias John le Carré arbeitete erst für den britischen Inlandsgeheimdienst MI5, dann für den Auslandsgeheimdienst MI6 in Deutschland, bevor er seinen ersten Bestseller schrieb.

Britische Nachrichtendienstler scheinen ein Faible für Spionagefiktion zu haben: Als die erste Frau an der Spitze des Inlandsgeheimdienstes MI5 Stella Rimington – die übrigens die Vorlage für den weiblichen Geheimdienstchef »M« in den James-Bond-Filmen der 1990er-Jahre gab – 1996 in Pension ging, fing sie mit dem Schreiben an. Das Genre: natürlich Spionageromane.

Und die Amerikaner? Anfang der 1960er-Jahre stachelte der ehemalige CIA-Chef Allen Dulles seinen Abteilungsleiter für verdeckte Operation Howard Hunt dazu an, ein US-amerikanisches Pendant zu James Bond zu entwickeln. Hunt, vor seiner Zeit bei der CIA als Publizist tätig, schrieb eine Serie von Spionageromanen um den CIA-Agenten »Peter Ward«. Die Romane gerieten jedoch zu einer trashigen Billigkopie von Bond und wurden bald dadurch überschattet, dass ihr Autor von US-Präsident Richard Nixon zu einem Einbruch in die Wahlkampfzentrale seiner Gegner angestiftet worden war.

In Deutschland war Spionage in der Fiktion lange Zeit ein ebenso großes Tabu wie in der Politik. Einige wenige Sachbücher und Zeitungsartikel erschienen, aber für die Unterhaltungsliteratur galt das Thema als ungeeignet und rangierte irgendwo zwischen NS-Belastung und Ost-West-Konflikt. Wenn überhaupt, kamen englische und amerikanische Spionageromane in deutscher Übersetzung auf den Markt.

Zwei Beispiele aus dem Bundesamt für Verfassungsschutz der 1960er-Jahre zeigen die besonderen Schwierigkeiten: Der Schriftsteller und Publizist Friedrich Ernst Berghof veröffentlichte unter dem Pseudonym Hendrik van

Bergh ab 1964 Spionage-Berichte wie *ABC der Spione* oder *Köln 4713*. Van Bergh war seit 1961 der erste Mitarbeiter des Verfassungsschutzes für Öffentlichkeitsarbeit. Doch er veröffentlichte in rechten Verlagen. Ein gefundenes Fressen für die kritische Presse.

Die geplante zwölfbändige Reihe des Leiters der Beschaffungsabteilung für Linksradikalismus Hans Horchem, der unter dem Alias »Karl Mertens« schrieb, endete ebenfalls im Fiasko: Nach dem zweiten Band, mit dem Titel *Die roten Maulwürfe*, wurde er des Geheimnisverrates bezichtigt, da er Szenen wie das Versteckspiel eines Verfassungsschützers im Kleiderschrank einer Zielperson zu detailliert beschrieben hatte.

Kein Wunder, dass sich ehemalige Geheimdienstler lieber an sachlichen Memoiren oder Enthüllungsbüchern versuchten denn an Romanen. In der DDR gab es zwar im filmischen Bereich einige Ausnahmen, die den heldenhaften Kampf der Stasi gegen den Feind im Westen als fiktionalen Stoff aufgriffen. Publikumsrenner wurden sie jedoch auch nicht. Als einziger deutscher Spionagechef versuchte sich Markus Wolf, der über 30 Jahre lang der DDR-Auslandsaufklärung vorstand, im Ruhestand als Romancier und veröffentlichte einen Roman über den Stalinismus. In Erinnerung blieb jedoch nur der Spionagechef Wolf als »Mann ohne Gesicht«, nicht der Romancier.

Mythos Nr. 65 – Spionage inspiriert die Fiktion. Oder inspiriert Fiktion die Spionage?

Faktenchecks sind ein beliebtes Mittel der Film- und Literaturkritik. Wie viel Wahrheit steckt dahinter? Wie gut hat der Autor recherchiert? Je wahrscheinlicher und realistischer ein Szenario ist, desto eher werden Filme und Bücher von der Kritik gelobt. Es ist jedoch ein Mythos, dass die Beziehung zwischen Spionagefiktion und der realen Welt der Nachrichtendienste nur in die eine Richtung verlief. Tatsächlich inspirierte nicht nur die Spionage die Fiktion, sondern Romane und Filme inspirierten mitunter auch die Geheimdienste. *Fiction drives reality!*

Denn nicht immer waren die Dienste und ihre Spione der Welt von James Bond gegenüber so abgeneigt wie heute. Allen Dulles zum Beispiel, von 1953 bis 1961 Chef der CIA, war nicht nur ein persönlicher Freund von Bond-Autor Ian Fleming, sondern auch ein großer Fan von Flemings Kreation. Öffentlich pries und empfahl er Bond – sogar bei US-Präsident John F. Kennedy.

CIA-intern ging er jedoch noch wesentlich weiter: Der Erfinder »Q« und seine Spionagegadgets hatten es ihm angetan. In einem Interview für die amerikanische Zeitschrift *Life* bekannte er freimütig, dass er seine eigene Technikabteilung beauftragt hatte, ihm auch so famose Gerätschaften zu bauen, wie »Q« es für Bond tut. Manche wollte er sogar kopieren lassen. So gab er nicht nur Replikate des Funkpeilsenders in Auftrag, den Bond dem Bösewicht Auric Goldfinger in den Kofferraum schmuggelt, sondern auch die berühmten Schuhe mit eingebauter Giftspitze, mit denen »Nr. 2« in *Liebesgrüße aus Moskau* versucht Bond zu töten. Der Peilsender erwies sich jedoch als nicht funktionstüchtig, und ob vergiftete Schuhe jemals von der CIA entwickelt wurden, ist nicht überliefert.

Einer seiner Nachfolger tat es Dulles später gleich: Bill Casey, von 1981 bis 1987 Chef der CIA unter Ronald Reagan, beauftragte seine Technikfreaks mit der Gesichtserkennungssoftware aus *Im Angesicht des Todes* von 1985. Damals Science-Fiction – heute Realität. Und sogar die Sowjets, so berichteten KGB-Überläufer, schauten sich die Bond-Filme in der Hoffnung an, irgendein geniales Spielzeug kopieren zu können. Die Grenzen der Physik waren dabei herzlich egal. Bond beflügelte die Fantasie und wurde zur Vorlage für die Realität.

Nicht nur die beiden Supermächte ließen sich durch Fiktion beflügeln. Beim israelischen Auslandsgeheimdienst Mossad sah man sich 1962 den Politthriller *Botschafter der Angst* (*The Manchurian Candidate*) besonders genau an. Der Film handelt von einem hochdekorierten amerikanischen Kriegshelden, der nach langer Kriegsgefangenschaft in Korea zurückkehrt. Was niemand ahnt: Er wurde durch ständige Hypnose zum Killer »umprogrammiert«.

Diese Methode kopierte der Mossad 1968, um seinen Erzfeind, Palästinenserführer Jassir Arafat, zu töten. Durch einen Psychiater ließ er den palästinensischen Gefangenen »Fatkhi« mit dem einfachen Mantra hypnotisieren: »Arafat schlecht. Er muss entfernt werden«. Am 19. Dezember 1968 schmuggelte der Mossad »Fatkhi« dann über den Fluss Jordan, von wo aus er in Arafats Zentrale gehen sollte. Und »Fatkhi« ging – nur nicht zu Arafat, sondern schnurstracks zur nächsten Polizeistation, wo er den Mossad beschuldigte, ihn einer Gehirnwäsche unterzogen zu haben.

Gute Spionage führt nicht unbedingt zu guter Spionagefiktion und gute Spionagefiktion nicht immer zu guter Spionage. Aber Wechselwirkungen sind immer wieder spannend.

Mythos Nr. 66 – Mit Spionagefilmen hat die CIA nichts am Hut

Der amerikanische Auslandsgeheimdienst und die Filmindustrie in Hollywood – lange Jahre passte das überhaupt nicht zusammen. Im Zweiten Weltkrieg bekam der CIA-Vorgänger OSS *(Office of Strategic Services)* noch volle filmische Unterstützung. aber spätestens seit dem Vietnamkrieg kam die CIA im Film nicht mehr gut weg. Nicht der »stille, patriotische Dienst an der geheimen Front«, den man zu leisten glaubte, sondern Gesetzesbruch und Verschwörungswahn war Gegenstand vieler Spionagefilme. Verwicklungen der CIA in innenpolitische Verschwörungen um das Attentat auf Präsident John F. Kennedy, die Watergate-Affäre um Präsident Richard Nixon, Umstürze in Mittel- und Südamerika oder Drogen- und Waffenschmuggel in Vietnam wurden in Hollywood aufgegriffen. *JFK – Tatort Dallas*, *Die Unbestechlichen* oder *Die drei Tage des Condors* waren Kassenschlager, die der CIA gar nicht gefielen. Der hausinterne Chef-Historiker sah sich gezwungen, Faktenchecks, kritische Besprechungen und eigene Versionen zu veröffentlichen. Hinzu kam die Sinnkrise der CIA nach dem Ende des Kalten Krieges. Höchste Zeit also, etwas zu tun.

Die Antwort der Agency war einfach: Ein Mitarbeiter wurde als Verbindungsoffizier für die Unterhaltungsindustrie in Hollywood abkommandiert. Was nach Einflussnahme klingt, war Teil einer PR-Kampagne, wie sie alle US-Behörden führten. Tatsächlich war die CIA die letzte US-Bundesbehörde – wenn auch der erste Auslandsnachrichtendienst weltweit –, die eine offizielle Ansprechstelle für die Unterhaltungsindustrie einrichtete. Geheim war die Verbindungsstelle keineswegs, sie sollte ja öffentlich zugänglich sein. Heute hat das Liaison-Büro einen eigenen Internetauftritt samt Kontaktadressen auf der Website der CIA. Theoretisch also könnte sich jeder Filmproduzent dort erkundigen, wie die Arbeit der CIA tatsächlich aussieht, nach filmreifen Fällen fragen oder sogar Treffen mit CIA-Mitarbeitern arrangieren lassen.

Wie das in der Praxis aussieht, zeigte der Oscar-gekrönte Hollywood Blockbuster *ARGO* von und mit Ben Affleck 2012. *ARGO* erzählt die auf realen Ereignissen basierende Geschichte von sechs US-Botschaftsangehörigen während der islamischen Revolution im Iran 1979/80: Als die Botschaft von Revolutionären besetzt wird und alle Mitarbeiter für 400 Tage als Geiseln festgehalten werden, gelingt sechs Mitarbeitern die Flucht in die Residenz des kanadischen Botschafters. Aber wie sollen sie von dort aus unerkannt das Land verlassen? Die CIA entwickelt den kühnen Plan, sie als Mitglieder einer Film-Crew auf der Suche nach Drehorten im Iran auszugeben und mit falschen Pässen über den Flughafen ausreisen zu lassen. Dafür schickt sie einen ihrer Spezialisten. Als Tarnung werden eine Produktionsfirma in Hollywood, ein Drehbuch, ein Produzent und Kinoplakate für einen Science-Fiction-Film inszeniert.

Hollywood machte also einen Film, in dem Hollywood als Tarnung für eine CIA-Operation herhielt. Das Skurrilste daran: Die Geschichte ist wahr. *ARGO* basiert auf der Geschichte des CIA-Technik-Experten Tony Mendez, der 1979 tatsächlich in den Iran reiste und die sechs als Film-Crew getarnten Botschaftsmitarbeiter mit gefälschten Papieren außer Landes schleuste. Einige besonders effektvolle, spannungsgeladene Details überzeichnen die reale Geschichte oder schmückten sie aus, aber im Wesentlichen beruht der Film auf der Wirklichkeit.

Dass diese Ereignisse es überhaupt nach Hollywood schafften, war wiederum der Verdienst der neu erstarkten Liebe zur Unterhaltungsindustrie seitens der CIA. Pünktlich zum 50. Geburtstag am 18. September 1997 wurden 50 ehemalige Offiziere und ihre Geschichte in der CIA ausgewählt, um sie der Öffentlichkeit zu präsentierten. Ziel: Die Arbeit und die Mitarbeiter der CIA realer darzustellen. Tony Mendez war einer der ausgewählten Kandidaten. Sein Buch erschien 1999, und sofort meldeten sich die ersten Interessenten aus Hollywood. Die Produktionsfirmen von George Clooney und Ben Affleck kamen in die engere Wahl, am Ende bekam letztere den Zuschlag. Während der gesamten Dreharbeiten wurde die Produktion von der CIA und Mendez persönlich unterstützt, sogar Aufnahmen in der CIA-Zentrale in Langley waren erlaubt.

Das Endprodukt brachte sowohl Lob als auch Kritik: Drei Oscars und weltweit begeisterte Zuschauer standen auf der einen Seite. Auch die CIA war mit der Darstellung zufrieden. Das wiederum wurde dem Film auch vorgehalten: zu viel CIA-Einfluss, der nicht nur im Iran übel aufstieß. Die Rolle, die die CIA bei der persischen Innenpolitik spielte und die zur islamischen Revolution beitrug, sei zu kurz gekommen. Lediglich in einem einleitenden Comicstrip wird erwähnt, welche Rolle die USA, die aufgrund amerikanischer und britischer Erdölinteressen den brutalen Umsturz zugunsten des Schah-Regimes unterstützten, 1953 beim Sturz von Ministerpräsident Mossadegh spielten. Auch Kanada und Neuseeland waren *»not amused«*, weil ihr Beitrag zur Rettung der sechs Mitarbeiter im Film kaum Beachtung fand.

Spionagefilme sind für Geheimdienste also Segen und Fluch zugleich.

Mythos Nr. 67 – Fake News sind neu

Fake news – ein Begriff, der erst wenige Jahre alt ist und doch schon fast abgenutzt daherkommt. Keine Tageszeitung kommt noch ohne ihn aus, kaum ein politischer Diskurs, in dem nicht irgendwann einer der Diskutanten (ob von links oder rechts spielt längst keine Rolle mehr) seinen Kontrahenten bezichtigt, *fake news* zu verbreiten. Der inflationäre Gebrauch dieses Begriffs hat dazu geführt, dass er zur politisch instrumentalisierten Kampfansage wurde. Dass der US-amerikanische Präsident Donald Trump eine eigens dafür ins Leben gerufene Auszeichnung, den *Fake News Award*, an Medien vergibt, die ihm nicht wohl gesonnenen sind, treibt diese Entwicklung auf die Spitze.

Dabei ist die wörtliche Übersetzung »gefälschte Nachrichten« durchaus treffend. Es handelt sich nämlich um Nachrichten, die zum Zweck der politischen und gesellschaftlichen Einflussnahme und Manipulation von ausländischen Geheimdiensten oder Regierungsstellen mithilfe verschiedener Mechanismen des digitalen Zeitalters verbreitet werden. In Europa verbreitete sich der Begriff im Zusammenhang mit (russischen) Desinformationskampagnen während des Konflikts in der Ost-Ukraine. »Hybrider Krieg« oder »Informationskrieg« waren gängige Bezeichnungen, und als russische Hackerangriffe und Wahlmanipulationen bekannt wurden, waren *fake news* in aller Munde.

Fake news, so könnte man also meinen, sind ein modernes Phänomen, das eng mit dem digitalen Zeitalter und den sozialen Medien verbunden ist. Doch das ist ein Mythos. Denn dem Prinzip, wahre und halb wahre oder falsche Informationen zu manipulativen Nachrichten zu vermischen, folgen Geheimdienste und Militärs seit Jahrhunderten, wahrscheinlich sogar seit Jahrtausenden.

Schon in Sun Tsus Meisterwerk »Über die Kunst des Krieges« aus dem 5. Jahrhundert vor Christus wurde das Prinzip der geheimdienstlichen Desinformation beschrieben: Vom Gegner »überworbene« Agenten seien die nützlichsten, da über Doppelagenten geschickt Desinformationen verbreitet werden könnten. Damals wie in den folgenden Jahrhunderten ging es um militärstrategische Informationen, die den Gegner in die Irre führen sollten. So schafften es die Briten im Zweiten Weltkrieg zum Beispiel, Hitler und die Wehrmacht über den genauen Ort mehrerer Invasionen zu täuschen.

Gezielte Einflussnahme auf die Meinung und das Denken der Bevölkerung war jedoch eine Neuerung im Massenzeitalter des 20. Jahrhunderts. Ideologien und politische Systeme, von der Demokratie über den Kommunismus bis hin zum Faschismus, setzten auf die Überzeugung der Massen. Vor allem totalitäre Ideologien griffen auf gezielte Falschmeldungen zurück, um die politische Gesinnung der Bevölkerung zu beeinflussen. Die Dolchstoßlegende des Ersten Weltkriegs oder der Reichstagsbrand waren Beispiele dafür.

Im Zweiten Weltkrieg entwickelte der britische Journalist Sefton Delmer einen Desinformationsapparat, der modernen *fake news* in nichts nachstand. Mithilfe des MI5, der BBC und der Armee schuf er die drei Radiosender *Gustav Friedrich Eins*, *Kurzwellensender Atlantik* und *Soldatensender Calais*. Zusammen mit deutschen Kriegsgefangenen und Exilanten, darunter auch der spätere Präsident des Bundesamtes für Verfassungsschutz, Otto John, entwickelte er ein Konzept, das wahre, halb wahre und falsche Nachrichten miteinander vermischte. Diese wurden unter dem Deckmantel eines angeblich deutschen Senders in Deutschland und den besetzten Gebieten gesendet. Das Konzept war subtil: Aufforderungen zur Kapitulation, Informationen über die Verbrechen des NS-Regimes oder Gerüchte über Nahrungsmittelknappheit mischten sich mit Tanzmusik und »normalen« Nachrichten.

Delmer wurde zum Vorbild der Desinformation: Der sowjetische KGB und die ostdeutsche Stasi verschlangen seine Bücher und machten sie zur Pflichtlektüre für jeden Mitarbeiter ihrer Desinformationsabteilungen. Mitnichten aber betrieb nur der Ostblock Desinformation, obwohl es für die sozialistischen Geheimdienste natürlich einfacher war, in den freien Medien des Westens Falschinformationen zu veröffentlichen als umgekehrt. Einen antisowjetischen Artikel in der *Pravda* oder dem *Neuen Deutschland* unterzubringen war schlicht unmöglich. Also setzte der Westen auf andere Methoden: Radiosender wie *RIAS* in West-Berlin, die *Voice of America* oder *Radio Free Europe*, die weit in die Sowjetunion hineinsendeten, verbreiteten ideologisch gefärbte Nachrichten, auch wenn sie nicht mit gezielten Falschmeldungen arbeiteten. Allerdings war auch das Streuen falscher Informationen dem Westen nicht fremd. Maßnahmen dieser Art waren jedoch besser bekannt unter dem Begriff »psychologische Kriegsführung«, *»psychological warfare«* (PSYWAR/PSYOPS) oder »strategische Kommunikation«. Nahezu jede Armee unterhält Einrichtungen, die dafür zuständig sind, die Bundeswehr zum Beispiel das »Zentrum Operative Information«.

Fast genauso alt wie das Phänomen Einflussnahme durch Desinformation sind die Versuche, dagegen anzugehen. In den 1980er-Jahren hatten die CIA, das US-Außenministerium, die *United States Information Agency* (USIA), aber auch der bundesdeutsche Verfassungsschutz *task forces*, die sich mit sowjetischer Einflussnahme beschäftigten. Als effektiv erwies sich eine dreistufige Taktik. Stufe eins: klassische Spionageabwehr zur Identifizierung von Einflussagenten, fremdgesteuerten Organisationen und Falschmeldungen. Stufe zwei: Analyse und Veröffentlichung der falschen Informationen. Stufe drei: stetiger Informationsfluss seriöser Nachrichten in Richtung Sowjetunion.

Elemente dieser Methode finden sich auch heute in den Reaktionen der USA, der EU und Deutschlands wieder.

Mythos Nr. 68 – Streng geheime Kochbücher: Bei Geheimdiensten brodelt nicht nur die Gerüchteküche

Wir sehen es vor uns: Eine Gruppe zwielichtiger Gestalten beim Essen, vor ihnen ein üppig gedeckter Tisch. Irgendwann sackt einer der Protagonisten hustend und sich windend zusammen, landet vielleicht mit dem Gesicht im Essen. Und jeder der um ihn Herumsitzenden weiß sofort: Den hat der Geheimdienst vergiftet.

Beim Thema Kochen und Geheimdienste kommt vielen bestimmt als Erstes ein vergiftetes Essen in den Sinn. Die CIA plante angeblich, den kubanischen Kommunistenführer Fidel Castro durch Sprengstoff, versteckt in einer Muschel, oder durch mit LSD versetztem Essen umbringen zu lassen. Wenn jemand vergiftet werden soll, sind Alltagsgegenstände und Alltagssituationen, darunter natürlich auch das Essen, extrem gut geeignet. Nicht umsonst hielten sich Könige und Diktatoren jahrtausendelang Vorkoster.

Dass Geheimdiensten zum Thema Kochen und Kulinarik jedoch nichts Besseres einfällt, als jemanden zu vergiften, ist ein Mythos. Denn im neuen Jahrtausend scheinen sie ihre Liebe zur Kulinarik öffentlich zum Ausdruck bringen zu wollen: durch Kochbücher.

Den Anfang machte dabei – erstaunlich genug – der deutsche BND. Im Jahr 2002 veröffentlichte er als erster

Geheimdienst ein eigenes Kochbuch *TOP(F) SECRET. Die Geheimrezepte des Bundesnachrichtendienstes.* 23 Rezepte, 19 Länderinformationen, dazwischen ein paar Anekdoten aus Außeneinsätzen unter dem Motto »Speisen, Spannung und Spione«. Spannende Erzählungen sucht der Leser allerdings vergebens, außer banalen Details musste ja alles weiter geheim gehalten werden. So gibt es dazu die Anmerkung: Drei der Geschichten sind frei erfunden, nur welche, das muss der Leser selbst entscheiden. Das Vorwort dieser zarten Transparenzinitiative durfte die Ehefrau des damaligen Präsidenten August Hanning, Ruth Hanning, schreiben. Mit Sätzen wie »Die Schürze aber, die Sie passend zu diesem Kochbuch erstehen können, haben mein Mann und ich schon erprobt« würde sie in Zeiten feministischer Debatten wohl kaum noch Anklang finden. Wenig Inhalte, kryptische Wortspiele, Ringbuchlochung und zwei Plastikdeckel – ein Wortspiel zu »schlechtem Geschmack« bietet sich zum BND-Kochbuch durchaus an.

Noch geheimnistuerischer kam das FBI 2003 und 2015 um die Ecke: mit einem Schlapphut-Cartoon-Männchen samt Augenbinde und *Top Secret Recipes of the FBI-New York Office.* 167 Beiträge von 50 New Yorker Beamten, dazu Geheimdienstkitsch mit der Warnung auf der Titelseite »Ich könnte es Ihnen sagen, aber dann müsste ich Sie grillen« *(I'd tell you, but I'd have to grill you).*

Was *top secret* und Wortspiele angeht, übertrafen sich BND und FBI gegenseitig. Nur in Bezug auf Geheimniskrämerei ging das FBI einen Schritt weiter: Das Kochbuch, auch die erweiterte Neuauflage von 2015, ist nur für Mitarbeiter des New Yorker FBI-Büros und deren Freunde im

Geschenkeladen des FBI-Gebäudes zu erstehen. Auf Pressenachfragen bat die Sprecherin, die Namen der im Kochbuch genannten Agenten geheim zu halten, und wollte das Kochbuch ansonsten nicht weiter kommentieren. Bei den Rezepten hingegen konnte sich der Inlandsgeheimdienst eine kulinarische Reise in die weite Welt erlauben, indem er auf die unterschiedlichen Kochtraditionen des ethnisch vielfältigen Mitarbeiterstabs zurückgriff. 3$ kostete die Produktion, 10$ war der Verkaufspreis im FBI-Gift-Shop – und trotzdem schloss die Non-Profit-Firma, die den Laden betrieb, das Geschäftsjahr mit 13$ Verlust ab.

Von der Stasi ist – trotz ihrer über 100 Kilometer langen Archivhinterlassenschaften – kein Kochbuch überliefert. Gott sei Dank, vielleicht. Der langjährige Chef der Stasi-Auslandsaufklärung Markus Wolf verfasste jedoch eines im Alleingang: *Geheimnisse der russischen Küche* heißt es und erschien kurz nach seinem Tod. Doppeldeutige Wortspiele über das »Geheime« an Kochrezepten konnten sich auch Wolf und der Eulenspiegel-Verlag nicht verkneifen. Wahrscheinlich sollte das Kochbuch noch mehr als Wolfs 1989 veröffentlichtes Buch *Troika* über stalinistische Verbrechen dazu beitragen, zwei wesentliche Bestandteile seines Images zu zementieren: den des Intellektuellen und den des Russophilen. Der Inhalt reicht von Wolfs (vegetarischer) Kindheit im Schwabenland über Moskau im Zweiten Weltkrieg, den obligatorischen Anekdoten über geheimdienstliche Essen bis zur Verpflegung in der Karlsruher Untersuchungshaft. »Geheimnisse« oder Offenbarungen sucht man auch hier vergebens, immerhin jedoch schaffte es Wolf, ein zusammenhängendes, verlegerisch hochwertiges Buch herauszubringen.

Die in Angriff genommene Suche nach einem CIA-Koch-buch führte zu einem Doppeltreffer: zur Rezeptsammlung des *Culinary Institute of America* und zum *CIA Cookbock Contatti Informazioni dell'ARANCA* eines unbekannten italienischen Autors. Vielleicht brachte der überschaubare Erfolg geheimdienstlicher Kochbücher die ansonsten auf PR-Maßnahmen sehr bedachte CIA dazu, es lieber gleich sein zu lassen.

Die Kochbücher der Geheimdienste sind eine spezielle Art der Selbstinszenierung und Öffentlichkeitsarbeit. Denn immer ist eine Prise Geheimes dabei. Und das beste Rezept? Das ist natürlich Geschmackssache, aber die raffiniertesten sind wahrscheinlich bei Wolfs *Geheimnissen der russischen Küche* zu finden.

Mythos Nr. 69 – Edward Snowden war der erste Whistleblower

Heute kennt jeder Edward »Ed« Snowden. Und jeder weiß, dass er irgendetwas mit Geheimdiensten zu tun hatte, Geheimnisse veröffentlichte, dafür nun von den Diensten gehasst und von einem Großteil der Bevölkerung geliebt wird. »Asyl für Snowden«, »Nobelpreis für Snowden« und »Schutz für Whistleblower« schallte es von allen Seiten. Snowden und seine Enthüllungen etablierten die amerikanische Wortschöpfung »Whistleblower« (Pfeifenbläser) im deutschen politischen Vokabular. Edward Snowden wurde über Nacht zum lebenden Mythos der Geheimdienstgeschichte – als DER Whistleblower.

Whistleblower bezeichnet einen Hinweisgeber auf gravierende, aber geheim gehaltene Fehlentwicklungen. Da es sich meist um Personen aus staatlichen Institutionen handelt, die geheime Informationen aus erster Hand an die Presse weitergeben, werden sie in den eigenen Reihen oft als Verräter bezeichnet.

Edward Snowden war keineswegs der erste, vielleicht nicht einmal der wichtigste Whistleblower. Einen echten Snowden hatten die Nachrichtendienste der Bundesrepublik Deutschland allerdings nicht, die Staatssicherheit der DDR ebenso wenig. Wer nicht mehr zur Stasi gehören wollte, floh in den Westen und wurde zum Überläufer. Anders als Whistleblower veröffentlichen Überläufer ihre Informationen nicht in den Medien, um die Allgemeinheit zu informieren. Sie geben ihr Wissen an andere Geheimdienste weiter und erhalten dafür Schutz.

In der frühen Bundesrepublik Deutschland gab es den Fall eines Geheimdienstmitarbeiters, der von Gewissensbissen geplagt die Öffentlichkeit suchte. Der Sachbearbeiter in der Abteilung Spionageabwehr des Bundesamts für Verfassungsschutz, Werner Pätsch, nahm 1963 Kontakt zu dem Anwalt Josef Augstein auf, dem Bruder des SPIEGEL-Herausgebers Rudolf Augstein. Über ihn gab er seine Informationen an den SPIEGEL und *Die Zeit* weiter. Zu berichten hatte Pätsch vor allem über ungesetzliche Abhörpraktiken des Verfassungsschutzes gegenüber deutschen Staatsbürgern mithilfe der amerikanischen und britischen Geheimdienste. Gleichzeitig wies er auf zahlreiche NS-belastete Mitarbeiter im Verfassungsschutz hin. Pätsch wurde gefeuert und wegen Geheimnisverrats angeklagt, vor Gericht jedoch freigesprochen.

In den USA gab es lange vor Snowden und bevor der Begriff Whistleblower en vogue war, Informanten, die Journalisten geheime Informationen zuspielten. Der erste und vielleicht wichtigste war Daniel Ellsberg, der Übervater der Whistleblower. Ellsberg arbeitete seit den 1960er-Jahren beim Außen- und Verteidigungsministerium. Sein Spezialgebiet war der Vietnam-Krieg, über den er 7000 Seiten an Dokumenten kopierte und der New York Times übergab. Seine Informationen zeigten, dass die US-Regierung die Öffentlichkeit jahrelang über das Ausmaß des Krieges, die Kriegsführung, Opfer und Kriegsziele getäuscht und belogen hatte. Auch er wurde vor Gericht gestellt, doch der Prozess scheiterte daran, dass Präsident Nixon illegal Ellsbergs Überwachung durch FBI und CIA angeordnet hatte. Ellsberg selbst lobte Edward Snowden übrigens über alle Maßen, als dessen Informationen publik wurden.

Auch beim zweiten großen Skandal der US-Geschichte, der berühmten »Watergate-Affäre«, gab es einen Whistleblower. Der FBI-Vize-Direktor Mark Felt spielte den Enthüllungsjournalisten um Bob Woodward von der *Washington Post* Informationen zu, die belegten, dass Präsident Nixon und das Weiße Haus ehemalige FBI- und CIA-Agenten angeheuert hatten, um in die Wahlkampfzentrale von Nixons Gegnern einzubrechen. Letzten Endes führte der Skandal zu Nixons Rücktritt, der Whistleblower Felt hingegen blieb über 30 Jahre lang geheim.

Die meisten Whistleblower erhalten nicht so viel Aufmerksamkeit wie Ellsberg und Snowden, was jedoch nicht immer damit zu tun hat, dass ihre Informationen nicht dieselbe Sprengkraft besäßen. Denn normalerweise bleiben

Whistleblower eher im Hintergrund und werden nicht zu einem Mythos.

Mythos Nr. 70 –
Geheimdienste taugen zur Weltverschwörung

Der wahrscheinlich größte, bekannteste, umstrittenste, am häufigsten wiederholte, unsinnigste, am leichtesten zu widerlegende und trotzdem langlebigste Mythos um die Institution Geheimdienst: Geheimdienste kontrollieren das Weltgeschehen. Speisen konnte sich dieser Mythos nur aus Unkenntnis – und ist der beste Beweis für die Notwendigkeit einer Entmystifizierung.

Denn zum Komplizen einer Weltverschwörung gehört deutlich mehr. Dazu müsste man in der Lage sein, jederzeit überall in alles einzugreifen – und das auch noch geheim. Wie die meisten der hier enträtselten Mythen zeigen, ist das nicht die Stärke von Geheimdiensten. Geheimdienste – und das ist wohl der wichtigste Grund, aus dem sie kaum zu großen Verschwörungen taugen, waren und sind nun einmal Behörden. Dementsprechend kommen ihnen auch die für einen bürokratischen Apparat typischen Eigenschaften und Denkmuster zu: festgelegte Abläufe, Risikoabwägung, Rücksprache mit Entscheidungsträgern – Charakteristika, die man eher mit einer Amtsstube als mit einer geheimen Allmacht assoziieren würde.

Wenn Geheimdienste Aktionen planen, steckt ein erheblicher Arbeitsaufwand dahinter: Zeit, Geld und Personal müssen beantragt, bewilligt und bereitgestellt werden. Der

Kreis von Mitwissern ist zwar klein, aber nicht klein genug, damit nichts nach außen dringen würde. Einige Experten sprechen von einer Krise der Geheimhaltung in modernen digitalen Demokratien. Die Einbindung in komplexe demokratische Machtstrukturen führt nicht nur zu einem System von Kontrollstufen, sondern auch zu einem erweiterten Kreis von Mitwissern. Hinzu kommt der Einsatz digitaler Technik, die das Vervielfältigen und die anonyme Verbreitung von Informationen erheblich erleichtert. Große Verschwörungen hätten es schwer, lange unentdeckt zu bleiben.

Mindestens drei weitere gewichtige Gründe sprechen gegen Geheimdienste als Weltverschwörer: Zum einen reichen personelle und finanzielle Ressourcen mitnichten für solch allumfassende Ambitionen. Ein Mord – mag ja sein, von Zeit zu Zeit ein Putsch – schon möglich, ein paar Journalisten oder Politiker beeinflussen – geht auch noch. Aber alles gleichzeitig und zu jeder Zeit – das liegt weit außerhalb der Möglichkeiten von Geheimdiensten. Selbst inoffizielle Schätzungen von Budgets und Personalstärke ergeben, dass die Dienste, verglichen mit Polizei oder Armee, nur über geringe Mittel verfügen.

Zum anderen war, ist und bleibt die Hauptaufgabe von Geheimdiensten die Beschaffung und Auswertung von Informationen im Auftrag von Regierungen. Alle anderen Aufgabenbereiche sind diesem Kerngeschäft unter- oder nachgeordnet.

Und zu guter Letzt unterstehen alle Geheimdienste Regierungen. Diese bestimmen, welche Aufgaben Geheimdienste erfüllen, und haben schon des eigenen Machterhalts wegen ein Interesse daran, die Macht von Geheimdiensten zu beschränken. Selbst dort, wo Geheimdienste wie bei den Nazis oder in der stalinistischen Sowjetunion zu gewalttätigen Geheimpolizeien aufstiegen, die direkt am Tisch des Diktators saßen, waren sie nur eine von mehreren Säulen der Macht – aber nie allmächtig.

Der Mythos von Geheimdiensten als treibende Kraft von Verschwörungen überall auf der Welt verleiht ihnen eine Macht, die nicht real ist. Sie ist psychologisch. Geheimpolizeien wie Gestapo, Stasi oder KGB setzten diese psychologische Macht ein, um dort Kontrolle über Bevölkerungen auszuüben, wo sie es mit ihren tatsächlichen Möglichkeiten nicht gekonnt hätten. Durch die dringend notwendige Entmystifizierung verkehrt sich diese Macht ins Gegenteil: demokratische Kontrolle.

Mythos Nr. 71 – Spionage ist unmoralisch

Abhören, bespitzeln, täuschen, lügen, verraten, schmuggeln, foltern, töten und entführen – solche Aktivitäten sind der öffentlichen (und rechtlichen) Auffassung nach unmoralisch. Daher sind sie auch verboten und mit Strafe belegt. Wer so etwas macht, gilt als gewissenlos, kriminell, moralisch verwerflich und steht außerhalb der Gesellschaft.

Fast jeder Geheimdienst hat im Laufe seiner Geschichte so ziemlich alles auf dieser Liste abgehakt. Die CIA folterte vermeintliche Terroristen in Spezialgefängnissen, der FSB (Föderaler Dienst für Sicherheit der Russischen Föderation) lässt ehemalige Agenten im Ausland vergiften, der BND

hört massenhaft ab, und der französische Auslandsgeheimdienst DGSE *(Direction Générale de la Sécurité Extérieure)*
sprengte ein Boot von Greenpeace-Aktivisten in die Luft.
Bei jedem neuen Skandal ist die Empörung groß: Moral
und Geheimdienst, das sei einfach nicht zu vereinbaren.
Auch zahlreiche ehemalige Geheimdienstler können mit
moralischen Kategorien ihrer einst täglichen Arbeit wenig
anfangen. Ist Geheimdienstarbeit also unmoralisch?

Wenngleich die Annahme zunächst logisch erscheint,
wird sehr schnell deutlich, dass alle der genannten Aktivitäten auch von anderen Organisationen ausgeübt werden.
Die Polizei hört ab, hat Spitzel und wendet – genau wie das
Militär – Gewalt an. Trotzdem genießt sie ein recht hohes
Ansehen und gilt nicht als amoralisch. Auch Journalisten
setzen – zum Beispiel bei investigativen Recherchen über
Geheimdienste – auf vertrauliche Informationen. Sie haben
ihre Informanten – und täuschen vielleicht sogar ihre In-
terview-Partner. Hochinteressant sind auch die Kontrollmechanismen für Geheimdienste, denn auch sie »überwachen« in gewisser Form. Nur handelt es sich hierbei um
eine Arbeit, bei der Überwachung gemeinhin gutgeheißen
wird.

Die Frage nach Moral im Zusammenhang mit Geheimdiensten ist also wesentlich komplexer als zunächst an-
genommen. Tatsächlich lassen sich drei grundlegende Positionen unterscheiden: Eine Seite vertritt die totale Unver-
einbarkeit von Geheimdiensten und Moral. Verletzung der
Privatsphäre, physische Gewalt und Geheimhaltung ließen
sich mit moralischen Prinzipien nicht in Einklang bringen.
Beim anderen Extrem werden Geheimdienstaktivitäten

mit dem höheren Gut der Sicherheit gerechtfertigt, die von den Diensten gewährleistet werden soll. Beide Positionen lassen wenig Spielraum, bieten jedoch Angriffsfläche für Kritik.

Interessant ist die mittlere Position: Methoden wie Abhören oder Gewaltanwendung werden generell als unmoralisch betrachtet, Ausnahmen jedoch zugelassen. Derartige Instrumentarien seien dann moralisch gerechtfertigt, wenn sie durch eine entsprechend hohe Sicherheitsbedrohung aufgewogen werden. Ähnlich der Theorie vom »gerechten Krieg« *(Just War Theory)*, gibt es also auch eine Theorie der moralisch annehmbaren Geheimdienstarbeit. In der »Leiter der Eskalation« werden geheimdienstliche Methoden in aufsteigender Reihenfolge aufgelistet und einer entsprechende Bedrohungsstufe gegenübergestellt. Extreme Mittel seien demnach nur in Situationen extremer Gefahr moralisch annehmbar. Das Abhören von Telefonen oder eine Totalüberwachung zum Beispiel sei nur durch eine konkrete und schwere Bedrohung der nationalen Sicherheit aufzuwiegen. Einzig Folter steht als nicht zu rechtfertigen außerhalb der Moral. Der ungezielte Einsatz von Überwachungskameras auf öffentlichen Plätzen hingegen erfordert dieser Theorie nach keine weitere moralische Rechtfertigung.

Es zeigt sich also: Geheimdienstarbeit muss nicht per se unmoralisch sein. Extreme Maßnahmen sind es ganz sicher, zum Beispiel immer dann, wenn physische Gewalt ins Spiel kommt. Dies ist jedoch – zumindest bei Geheimdiensten in Demokratien – nicht die Hauptaufgabe, denn die besteht in der Beschaffung und Analyse von Informationen. Wie diese

Informationen beschafft werden und welche moralischen Beschränkungen dabei gelten (sollten), ist ein Balanceakt auf der Grundlage komplexer Prinzipien und Erwägungen.

James Bond

Mythos Nr. 72 – James Bond ist unsterblich

James Bond ist unbesiegbar und unsterblich. Jeder weiß das. 352 Gegner hat Bond in seiner Karriere ausgeschaltet, 4660 Schüsse überlebt, 52 Frauen verführt und unzählige Martinis dabei geschlürft. Der berühmteste Geheimagent der Welt ist *»larger than life«*, ein, wenn nicht sogar der Spionagemythos schlechthin. So einen Teufelskerl kann man gar nicht töten, nicht im Buch, nicht im Film und schon gar nicht in der Realität.

Doch Bonds Unsterblichkeit ist ein Mythos, begünstigt durch die Selbstzentriertheit westlicher Kultur. James Bond, tot? In *Man lebt nur zweimal* (*You only live twice*, 1967) wird 007s Tod täuschend echt inszeniert, nur damit Bond später unerkannt gegen *Spectre* und Ernst Stavro Blofeld zurückschlagen kann. Details sind unbekannt, aber vielleicht war der vorgetäuschte Tod von Bond am Anfang des Films sogar eine ironische Anspielung auf seinen einzigen wahren Tod.

Ein Jahr zuvor nämlich, 1966, als der Kalte Krieg zu eskalieren drohte, wurde der britische Geheimagent 007 speziell für das westliche Publikum getötet, und zwar von einem bulgarisch-sowjetischen Autor. Ein Skandal! Was war passiert?

Die ersten Filme der Bond-Reihe spielten alle mehr oder minder direkt mit dem realen Bedrohungsszenario des Kalten Krieges, der Blockkonfrontation zwischen Ost und West. Natürlich hegte nur der kommunistische Osten böse Absichten, Bond, der MI6 oder die CIA hingegen waren die Inkarnation des Guten. In kaum einem Bond trat dieser Gegensatz so deutlich zutage wie in *Liebesgrüße aus Moskau* (*From Russia with Love*, 1963). Hier verführt Bond eine sowjetische Botschaftsangestellte in Istanbul, um an eine Chiffriermaschine zu kommen. Beim Kräftemessen der Geheimdienste am Bosporus sind die Fronten klar: Bond, der MI6 und seine türkischen Verbündeten gegen die Sowjets und den bulgarischen Geheimdienst. Dass es eigentlich um die Geheimorganisation *Spectre* geht, übersieht man dabei nur allzu leicht.

Auf sowjetischer und bulgarischer Seite blieben die Reaktionen nicht aus. Sowohl über die Darstellung des weltpolitischen Szenarios als auch die spezifischen nationalen Konstellationen war man wenig erfreut. Bond als fiktionales Produkt war im Kalten Krieg ein Politikum erster Kategorie. 007 wurde in der Sowjetunion tatsächlich offiziell zur Persona non grata erklärt, und die Filme unterlagen bis 1974 einem strikten Verbot. Also schlug beziehungsweise schrieb der Osten zurück. Natürlich rein zufällig in derselben Konstellation, einer sowjetisch-bulgarischen Co-Produktion. Der bulgarische Schriftsteller Andrej Guljaschki entwarf eine Macht demonstrierende Gegendarstellung.

Avakum Zahov heißt der Titelheld in Guljaschkis Spionageroman *Avakum Zahov vs. 07* (im bulgarischen Original: *Sreshtu 07*). Zwar durfte auch in der Ost-Fiktion der Gegenspieler James Bond heißen, den Zusatz »007« jedoch hatte sich die Bond-Produktionsfirma schützen lassen, sodass Guljaschki die Doppelnull-Bezeichnung – wenngleich unschwer zu entschlüsseln – abändern musste. In seiner Geschichte soll der promovierte Archäologe Zahov den sowjetischen Wissenschaftler Konstantin Trofimov beschützen, der wegen der Erfindung eines Super-Lasers während einer Konferenz in der bulgarischen Hafenstadt Varna am Schwarzen Meer zusammen mit seiner hübschen Sekretärin Natalia von »07« entführt wird. Doch »07« hat die Rechnung ohne Zahov gemacht, der ihm auf sein Schiff folgt.

Für das Ende der Geschichte gibt es zwei Versionen: Im bulgarischen Original von 1966 gelingt es Zahov, den Professor und seine Sekretärin aus Bonds westlichen Klauen zu befreien. Während sie von einem sowjetischen Flugzeug gerettet werden, entkommt Bond mithilfe eines US-amerikanischen Eisbrechers. Die englische Übersetzung des Buchs hingegen, die 1967 – also im selben Jahr wie *Man lebt nur zweimal* – im Westen veröffentlicht wurde, weicht am Ende erheblich davon ab: James Bond-07 stürzt hier nämlich im Nahkampf mit Zahov eine Klippe hinunter in den Tod.

Vielleicht musste Bond deshalb am Anfang von *Man lebt nur zweimal* erst sterben, um sogleich wieder auferstehen zu können. In der politisierten Spionageliteratur des Kalten Krieges sendete der Westen eine klare Botschaft: Unser Bond kommt immer zurück.

Mythos Nr. 73 – Der Ornithologe James Bond

Filmklassiker parodieren sich manchmal selbst. Vor allem wenn sie über Jahrzehnte hinweg immer wieder neu aufgelegt werden und Kult geworden sind. Auch der berühmteste Geheimagent der Filmgeschichte erscheint in so einer Szene, die sich nicht nur selbst parodiert, sondern viel mehr über 007 verrät, als man annehmen würde.

1962 jagt James Bond im Auftrag Ihrer Majestät den verrückten Wissenschaftler Dr. No, der nicht weit von den paradiesischen Stränden Jamaikas mithilfe eines Kernreaktors US-amerikanische Nuklearraketen zum Abstürzen bringt. Während er am Strand auf der Lauer liegt, taucht – wie könnte es anders sein – unverhofft die wunderschöne Muscheltaucherin Honey Rider (Ursula Andress) vor ihm aus den Fluten auf. »Was machen Sie hier?«, fragt sie ihn. »Vögel beobachten«, lautet Bonds Antwort, lakonisch wie immer.

50 Jahre später, 2002 jagt Bond den koreanischen Terroristen Zao und seinen Oberst Moon, der nach einer plastischen Operation auf Kuba als exzentrischer Millionär Gustav Graves auftritt. Auch hier zieht es 007 an den Strand, wo er in einer Strandbar, seinen Mojito schlürfend, durch ein Fernglas die atemberaubende Schönheit Jacintha »Jinx« Johnson (Halle Berry) im Meer erblickt. In einer an *Baywatch* erinnernden Zeitlupeneinstellung, die sich im Bereich von Berrys Oberweite noch einmal verlangsamt, beobachtet Bond, wie die Schönheit aus dem Wasser aufsteigt: »Und was ist mit Ihnen?« – »Oh, Ich bin nur wegen der Vögel hier, Ornithologe.« Ein echter Bond.

Für den Geheimdienstkenner und Bond-Experten das unverkennbare Zitat einer der ikonischsten Szenen (und ein echter Mythos) der Bond-Filme. Der gesunde Schuss Selbstironie, durch Pierce Brosnans gespielt britische Steifheit auf die Spitze getrieben, macht die ganze Szene zu einer selbstreferenziellen Persiflage. Doch woher kommt eigentlich Bonds Besessenheit von Vögeln, und warum nimmt er sich die Zeit, sie am Strand zu beobachten? Darauf gibt es eine Antwort, tief vergraben im geheimen Faktenwissen über James Bond und seinen Erfinder Ian Fleming.

Fleming selbst war es nämlich, der – nicht selten auf seinem herrschaftlichen Anwesen Goldeneye (ja, wie der gleichnamige Bond-Film von 1995) auf Jamaika (ja, dasselbe Jamaika) Vögel beobachtete. Dabei hatte er stets das Standardwerk eines führenden Vogelkundlers bei sich: *Die Vögel der Karibik* war von niemand anderem geschrieben als von dem berühmten britischen Ornithologen James Bond! Just dieses Buch liegt in der Szene von 2002 – zur sicheren Tarnung – neben Pierce Brosnan auf dem Tisch.

Besagter James Bond war ein anerkannter Ornithologe seiner Zeit und führte sicher ein weniger aufregendes Leben als der Agent, für dessen Namen er Pate stand. Doch Ian Fleming wollte seinem Helden einen Namen verpassen, der so unspektakulär wie möglich klang. Und was könnte unspektakulärer sein als der Name eines Vogelkundlers?

Mythos Nr. 74 –
James Bonds Stunts sind unmöglich

Jeder James-Bond-Film setzt sich aus einer bestimmten Mischung immer gleicher Elemente zusammen: einem Bond-Girl, dem neuesten Auto, Gadgets der Q-Abteilung, dem finsteren Plan zur Weltherrschaft, dem Kampf gegen den Bösewicht und so weiter. In die handlungstragenden Elemente sind unterhaltsame Szenen eingebaut: Sex, Cocktails, Partys und atemberaubende Action. Stunts sind dabei ein wesentliches Element. Hier ist Kreativität bei der Konzeption der neuesten unmöglichen Situation, aus der sich 007 befreien muss, gefragt. »Das geht doch gar nicht«, ist man immer wieder geneigt auszurufen. Wer kann schon aus dem Stand eine Verfolgungsjagd am Steuer eines russischen Panzers durch die malerische Innenstadt von St. Petersburg bewältigen (*Goldeneye*)? Ein Amphibienfahrzeug ins Meer lenken (*Der Spion der mich liebte*)? Sich einfach mal so an Bord eines Spaceshuttles ins All schmuggeln (*Moonraker*)? In einer Zentrifuge Kräfte von 13g aussitzen (*Moonraker*)? Den Sprung aus einem Flugzeug (*Goldfinger* und *Goldeneye*) oder von einer Klippe (gleich mehrfach in *Goldeneye*) überleben? Fliegen, Fallen, Tauchen, Schießen, Fahren, Klettern, in rasanter Geschwindigkeit unter erschwerten Bedingungen, dazu die neueste Technik.

Höchste Zeit, einmal mit deutscher Gründlichkeit nachzuforschen, was davon eigentlich wirklich möglich ist. Genau das hat ein Team von Dortmunder Physikern um Metin Tolan getan – mit verblüffenden Ergebnissen.

Moonraker, Anfangsszene: 007, ein unwichtiger Pilot und Zbigniew Krycsiwiki alias Richard Kiel, eigentlich nur bekannt als »Beißer« (*Jaws*), kämpfen in einem Flugzeug. Bond befördert den Piloten nach draußen, der Beißer stößt James Bond aus der Tür – und springt selbst hinterher. Drei Männer, ein Fallschirm, freier Fall auf die Erde. Bond holt den Piloten ein, entreißt ihm den Fallschirm und entzieht sich durch das plötzliche Auslösen des Fallschirms auch einem schmerzhaften Biss in die Wade durch die Eisenzähne des Beißers. Der Pilot stürzt ungebremst gen Erde, der Beißer landet in einem Zirkuszelt, und Bond gleitet dahin. Geht nicht? Doch, das geht! Die Physiker haben alles genau nachgerechnet: Bonds stromlinienförmige Haltung beim Sturz aus dem Flugzeug kann ihn den Piloten rechtzeitig erreichen lassen. Durch seine Körpermasse von über 140 kg fällt der Beißer schneller als Bond, er könnte ihn also tatsächlich einholen. Es kommt aber noch fantastischer: Auch die Landung im Zirkuszelt könnte der Beißer unbeschadet überstehen. Beim Aufprall in das gespannte Zelt wirkt eine Kraft pro Masse von ca. 4g Fallbeschleunigung, was dem Vierfachen der Erdbeschleunigung (g) entspricht – in jeder guten Achterbahn sind es 6g. Nur eine einzige Bedingung gilt für die physikalische Machbarkeit des Stunts: Die drei Beteiligten müssten aus einer Flughöhe von 6000 Metern abspringen.

Und es geht munter weiter: In *Der Mann mit dem Goldenen Colt* verfolgen Bond und der übergewichtige Sheriff Nepomuk Pepper den Bösewicht Scaramanga in einem AMC-Hornet-Sportwagen. Schließlich befinden sie sich auf zwei gegenüberliegenden Seiten eines Flusses in Thailand, von dessen einziger Brücke nur noch die stark ramponierten, schiefen Holzpfeiler erhalten sind. Natürlich wagt Bond den Sprung mit dem Auto, benutzt den ersten Pfeiler als Rampe, dreht sich mit dem Wagen in der Luft einmal um die eigene Achse und landet auf dem zweiten Pfeiler, um die Verfolgung fortzusetzen. Ein Autostunt aus den 1970ern eben – der tatsächlich funktioniert! Diesmal gibt es zwei Bedingungen: Bond muss eine optimale Geschwindigkeit von ca. 58 km/h erreichen, und – wesentlich schwieriger mit dem übergewichtigen Yankee Nepomuk Pepper an seiner Seite – er muss den Wagen in der Luft ausbalancieren. Dann schafft er den Sprung von rund 20 Metern.

Doch auch ein James Bond, ja nicht einmal Q, kann alles, was er zu können vorgibt. In der Anfangssequenz von *Goldeneye* zum Beispiel springt Bond auf einem Motorrad einem führerlos von einer Klippe stürzenden Kleinflugzeug hinterher, holt es ein, klettert ins Cockpit und fliegt davon. Hier erweist sich Bond wieder einmal als Genie, denn während er auf seinem Motorrad beschleunigt, müsste er hochkomplexe Gleichungen lösen, um die optimale Absprunggeschwindigkeit zu errechnen, die um Gottes willen nicht zu hoch sein darf, da sich sonst die Flugbahnen nicht treffen würden. Doch die Schlucht müsste eine Tiefe von mehreren Tausend Metern haben, damit Bond das Flugzeug nicht nur einholen, sondern auch wieder nach oben ziehen kann. Ach ja, und Bond muss in Kauf nehmen, mit mindestens 80 km/h Aufprallgeschwindigkeit auf dem Flugzeug zu landen – und sich trotzdem hineinzuhangeln. Schwierig.

Nicht weniger tricky ist eine Spielerei, mit der Bond in *Leben und Sterben lassen* (*Live and Let Die*) seinen Vorgesetzten

M ärgert: Er testet die Magnetfunktion seiner neuen von der Q-Abteilung entwickelten Uhr, indem er M dessen Teelöffel quer durch den Raum wegzieht. Nichts weiter als ein schelmischer Spaß, der jedoch unangenehme Folgen haben könnte. Ein Magnet von der Stärke, um dieses Kunststück zu vollbringen, wäre so groß, dass er nicht in Bonds Uhr passen würde, und hätte zudem eine Hitzeabstrahlung, die ihm das Handgelenk versengen würde.

Es zeigt sich also: Viele der James-Bond-Stunts funktionieren tatsächlich – viel mehr, als man zu glauben geneigt ist. Manche waren sogar von bereits existierenden Stunt-Shows in die Filme übernommen worden. Auch orientierten sich viele Stunts ebenso wie andere Details der Bond-Filme an realen zeitgenössischen Entwicklungen: an der Raumfahrt, Amphibienfahrzeugen, der Unterwasserwelt oder an der Wüste zum Beispiel. Ein Höchstmaß an physikalischem Wissen und Bonds Fähigkeit, innerhalb kürzester Zeit hochkomplexe Berechnungen anstellen zu können, sind jedoch immer vonnöten. Ein Dank geht an Metin Tolans Physiker, die der Welt die Augen für die nahezu atemberaubenden wissenschaftlichen Fähigkeiten des Super-Agenten geöffnet haben.

Mythos Nr. 75 –
James Bond trinkt nur Wodka Martini

»Wodka Martini, geschüttelt, nicht gerührt« – die wohl berühmteste Bestellung in der Welt der Spionage – und ein echter Mythos der Spionagegeschichte. Mit einem kleinen

Schönheitsfehler, denn der erste Cocktail, den James Bond bestellte, war eigentlich ein anderer.

Die James-Bond-Verfilmungen ab den 1960er-Jahren, die heute für das Allgemeinwissen über den Geheimagenten Ihrer Majestät ungleich prägender sind als die ursprüngliche Romanreihe der 1950er-Jahre, begründeten diesen Mythos. Doch Ian Flemings erstes Buch über seinen Superhelden war *Casino Royal*, und es wurde erst 2006 verfilmt.

Ein klassischer Wodka Martini, wie ihn Bond in den Filmen trinkt, wird aus 6 cl Wodka und 1 cl Wermut gemischt, wahlweise mit einer Olive oder Zitronenschale garniert und kann umgerührt oder eben geschüttelt werden. Bond bevorzugt in den Filmen Letzteres.

In der Romanserie jedoch bestellt 007 zum ersten Mal 1953 in *Casino Royal* einen Cocktail, und zwar einen Vesper(-Martini). Dieser ist eine Eigenkreation von Bond beziehungsweise seinem Schöpfer Ian Fleming, der ihn nach Bonds Geliebter Vesper Lynd benannte. Mit dem einfachen Wodka Martini hat der Drink nur wenig gemein.

Bonds erste Cocktail-Wahl war deutlich raffinierter, und doch bestellt er ihn nur einziges Mal: beim Glücksspiel in *Casino Royal*. Im Buch *Diamantenfieber* bestellt Felix Leiter, Bonds Ansprechpartner bei der CIA, ihm einen Vesper, ansonsten bleibt Bond beim klassischen Wodka Martini. Doch im Film gehen die Macher von *Casino Royal* einen Schritt weiter: Bei der Anreise nach Montenegro trinkt Bond im Zug noch seinen üblichen Wodka Martini, unter Stress beim Pokern jedoch wählt er etwas anderes:

»Trockener Martini ... Warten Sie! Drei Einheiten Gordon's, eine Einheit Wodka, eine halbe Einheit Kina Lillet.

Schütteln Sie es sehr gut, bis es eiskalt ist, dann geben Sie eine dünne Scheibe Zitronenschale hinzu.« Anschließend bestellt die gesamte Pokerrunde dasselbe, was dem Mathematikgenie und notorischen Bösewicht Le Chiffre gehörig auf die Nerven geht. Als Bond die erste Runde des Pokerduells verliert, zieht er sich frustriert an die Bar zurück und bestellt wieder seinen üblichen Wodka Martini. Da sich diese Szene aber in *Casino Royal* von denen in den anderen Filmen und Büchern unterscheiden muss, ließen sich die Macher etwas Besonderes einfallen: Auf die übliche Frage des Kellners: »Geschüttelt oder gerührt?«, entgegnet Bond völlig genervt: »Sehe ich so aus, als ob mich das interessiert?« (O-Ton: *»Do I look like I give a damn?«*). Ein Mythos also, dass Bond immer nur geschüttelte Wodka Martinis trinkt.

Das berühmte »geschüttelt, nicht gerührt« kam ohnehin erst mit der Zeit hinzu. Im Roman *Diamantenfieber* von 1956 taucht es bereits auf, aber erst in *Dr. No* von 1958 sagt Bond: »Wodka Martini, geschüttelt und nicht gerührt.« Später verschwand dann das »und«. Aber warum eigentlich geschüttelt und nicht gerührt? Einerseits kühlt das Schütteln den Drink ab, denn das Eis löst sich besser auf, und es bleiben keine Eiswürfel im Glas zurück. Allerdings gibt es auf dieses Mysterium eine weitere, unorthodoxe Antwort: Ein geschüttelter Cocktail ist erstens gesünder als ein gerührter und zweitens geschmacksintensiver! Sogenannte freie Radikale lösen sich besser in der Flüssigkeit auf als beim Rühren, sodass weniger davon in den Körper gelangen. Und bei einem geschüttelten Martini lagern sich die großen, geschmacksintensiven Moleküle aufgrund des sogenannten Paranusseffekts oben ab. Der ganze Geschmack in James Bonds Cocktail befindet sich also in den ersten zwei bis drei Schluck – und mehr kann er von seinem Drink in der Regel ohnehin nicht ungestört genießen.

Mythos Nr. 76 –
Der BND hatte keinen James Bond

Man kennt solche Sätze aus öffentlichen Kommentaren zum bundesdeutschen Auslandsnachrichtendienst: »Das ist nicht wie bei James Bond.« Oder: »Einen James Bond sucht man beim BND vergebens«. Wolfgang Lotz, der schrille Champagner-Spion des israelischen Mossad, der in Ägypten Pferde züchtete, um an Alt-Nazis im ägyptischen Raketenprogramm heranzukommen, sagte einmal über den BND: »Keine Frauen, keine Bomben, keine Drogen, keine Erpressung. Was ist denn das für ein Geheimdienst?«

James Bond 007 hat vielleicht mehr für das Image der britischen Geheimdienste getan als jede ihrer tatsächlichen Aktionen – und das zu einer Zeit, in der die Geheimdienste den Bedeutungsverlust des Britischen Empire zu spüren bekamen. Dessen Glanz und Glorie ließ und lässt Bond jedes Mal aufs Neue aufleben. In gewisser Weise war Ian Fleming der beste Propagandist und Imageverwalter, den ein Geheimdienst jemals hatte. Was konnte der geheime Klub in Pullach, den die öffentliche Meinung irgendwo zwischen Alt-Nazis, innenpolitischer Verschwörung und genereller Inkompetenz einordnete, da schon ausrichten?

Doch weit gefehlt! Über 30 Jahre lang hatte der BND ein fiktionales Gegengewicht zu James Bond: Robert »Bob« Urban, Agent 18 des BND. Sein Erfinder, der Schriftsteller Karl-Heinz Günther (C. H. Günther), hatte in den 1950er-Jahren schon den fiktiven FBI-Agenten «Kommissar X» erfunden. 1965 begann er eine lange Serie von über 300 Taschenbüchern über den BND-Agenten Bob Urban alias Mr Dynamit.

Agent 18 des BND war James Bond in vielem ebenbürtig: Er war der Stolz seines Geheimdienstes, hatte Gardemaße, war promovierter Ingenieur, der über die Bundeswehr zum BND gekommen war, fuhr Porsche, BMW und Mercedes und wohnte in einer Penthouse-Wohnung im Münchner Nobelviertel Schwabing. Zwischen 100.000 und 200.000 Exemplare der Bücher wurden zeitweise abgesetzt – für heutige Verhältnisse eine gigantische Taschenbuchauflage. Mr Dynamit war reif für die ganz große Bühne: die Kinoleinwand!

1967 war es dann so weit. Die Verfilmung von Buch Nr. 12, *Mr Dynamit. Morgen küsst euch der Tod*, kam in die Kinos. Franz Josef Gottlieb schrieb das Drehbuch und führte in der Produktion von Theo Maria Werner Regie. Dabei wandte man sich zunächst ans Bonner Verteidigungsministerium und anschließend tatsächlich an den Bundesnachrichtendienst in Pullach. Auf dessen Gelände hinter den Mauern der Heilmannstraße sollte nämlich gedreht werden. Kurt Weiß, berüchtigter Direktor im BND, ließ über das Ansinnen eine Vorlage für den Übervater des BND, Reinhard Gehlen höchstpersönlich, erstellen. Darin hieß es: »Hauptperson des ganzen Stückes ist ›Bob Urban‹, ein Agent des BND. Er macht die tollsten Sachen.« Auch die Hoffnung des BND kam zum Ausdruck: »Jedenfalls kommt der BND ganz groß raus.« In bester James-Bond-Manier verführt Bob Urban Frauen, scherzt herum, setzt erstklassige Spionagetechnik ein und bringt den Schurken Bardo Baretti zur Strecke. Gespielt wurde er von niemand Geringerem als Lex Barker, weltbekannt in der Rolle des Old Shatterhand aus den Winnetou-Verfilmungen der 1960er-Jahre.

Da sich die Produzenten jedoch erst nach Beginn der Dreharbeiten an den BND gewandt hatten und dieser in seiner bürokratischen Fasson eine Weile brauchte, kam es zu keiner Zusammenarbeit. Für die erhoffte Fortsetzung war sie jedoch fest eingeplant. Doch die Nummer floppte unerwartet. Der Nora-Filmverleih ging ausgerechnet im Jahr 1967 pleite, und so konnte der Film überhaupt nur zwei Mal gezeigt werden. Auch das Urteil der Kritiker war hart: »Zeitweise geschmackloser Agentenfilm zwischen Brutalität und alberner Komik«, weiß zum Beispiel das *Lexikon des Internationalen Films* zu berichten. 2017 wurde er gar in einer Reihe als einer der fünf schlechtesten Filme aller Zeiten gezeigt. Die Handlung bot nicht nur für heutige Sehgewohnheiten einiges an Abstrusitäten. Warum zum Beispiel der Bösewicht Baretti in jeder Stresssituation eine Flasche Grappa auf ex trinkt und sich anschließend in einen Teppich einrollt, bleibt dem Zuschauer ein Rätsel.

Am Ende jedenfalls musste Old Shatterhand-Lex Barker seine Gage einklagen, und es kam weder zu einer Fortsetzung noch zu einer Kooperation mit dem BND. Im Gegensatz zur Buchreihe wurde der deutsche James Bond, Mr

Dynamit, nie zu einem Filmerfolg. Wie würde das Image des BND heute aussehen, wäre es anders gekommen? Enthüllt wurde diese jahrzehntelang vergessene Geschichte übrigens vom BND selbst. Dessen Chef-Historiker Dr. Bodo Hechelhammer stellte das ganze Projekt 2014 anhand von Archivdokumenten aus Pullach dar. Seitdem ist auch der Film wieder auf DVD zu haben. Ein kultverdächtiger, trashiger Spionagemythos.

Mythos Nr. 77 – Die DDR hatte keinen James Bond

James Bond, so könnte man meinen, war ein typisch westliches Produkt des Kalten Krieges. Doch weit gefehlt! Denn 1963, nur rund ein halbes Jahr nach Erscheinen des ersten James-Bond-Films *Dr. No*, brachte die Deutsche Film AG DEFA, die Produktionsfirma für Film und Fernsehen der DDR, ihren eigenen Spionagehelden hervor. Titel des Films: *For Eyes Only*, nicht zu verwechseln mit dem späteren Bond-Film *In tödlicher Mission* von 1981, der im englischen Original den Titel *For Your Eyes Only* trug.

Der Film erzählt die Geschichte des DDR-Spions Hansen, der in der Würzburger Außenstelle des US-amerikanischen Militärgeheimdienstes MID arbeitet. Der böse MID plant im Schicksalsjahr 1961 einen Krieg gegen die DDR, wofür Hansens Vorgesetzter alle Planungsdokumente in seinem Kühlschrank-Safe aufbewahrt. Der DDR-Bond stiehlt kurzerhand den ganzen Kühlschrank und bringt die kalte Fracht sicher in die DDR. Die Veröffentlichung der

Dokumente hält die Amerikaner von ihrer Verschwörung ab, der DDR-Spion als »Kundschafter des Friedens« obsiegt.

Abgesehen von der Tatsache, dass der Film durch die Anspielung auf das Jahr 1961 ganz nebenbei den Bau der Berliner Mauer als »Schutzwall« gegen Angriffe des Westens rechtfertigte, bot er noch mehr Historisches: Denn für den Spion Hansen gab es eine reale Vorlage: Horst Hesse alias IM »Jürgen« (auch IM »Lux«). Hesse war Ende der 1940er-Jahre in der DDR vom amerikanischen MID angeworben worden und arbeitete Anfang der 1950er-Jahre tatsächlich in dessen Würzbürger Außenstelle als Leiter der Abteilung Agentenanwerbung. Zeitgleich war er aber ein Doppelagent für die Staatssicherheit der DDR. In einer spektakulären Nacht-und-Nebel-Aktion stahl Hesse zwei Panzerschränke und brachte sie in die DDR. Darin befanden sich eine Agentenkartei des MID, militärische Pläne und Blanko-Ausweise. Über 500 West-Agenten sollen in der Folge durch die Stasi enttarnt worden sein. Hesse selbst wurde von einem US-Militärgericht in Abwesenheit zum Tode verurteilt, lebte jedoch bis zu seinem Tod 2006 unbehelligt und zurückgezogen in Brandenburg.

Die Informationen über Hesses Fall wurden der DEFA von der Abteilung Agitation des Ministeriums für Staatssicherheit der DDR zur Verfügung gestellt. Bei der Premiere des Films in Ost-Berlin 1963 waren auch die Honoratioren des SED-Regimes anzutreffen, aus dem Zentralkomitee der Partei, von der Stasi und aus dem Verteidigungsministerium. Nur Hesse selbst nicht. Er wurde weder während der Dreharbeiten konsultiert noch zur Premiere eingeladen.

Sein Name blieb geheim. Stattdessen »beriet« Oberstleutnant Gerhard Kehl die DEFA. Erst aus der Zeitung erfuhr Hesse, dass sein Fall zur Propaganda gegen den Westen und als filmische Antwort der DDR auf James Bond inszeniert wurde.

Literatur und Quellen

Die Konzeption dieses Buchs sowie die einzelnen Geheimdienstmythen, die hier beschrieben werden, stützen sich auf jahrelange Forschungen des Autors im Bereich der Nachrichtendienste. Dafür waren unterschiedliche Quellen von Bedeutung – von sozialwissenschaftlichen Theorien, Geschichtsschreibung bis hin zu persönlichen Memoiren, Zeitzeugenberichten, TV-Dokumentationen und Presseartikeln. In Absprache mit dem Verlag und um die bessere Lesbarkeit für ein breites Publikum mit unterschiedlichen Vorkenntnissen zu gewährleisten, wurde in den Texten auf Literatur- und Quellenangaben verzichtet.

Ein vollständiges Verzeichnis der verwendeten Literatur und Quellen zu einzelnen Kapiteln ist kostenfrei unter folgender Internetadresse einsehbar:

www.heyne.de/nehring

Für den Fachmann wie für den interessierten Laien als grundlegende Lektüre zur Geschichte und wissenschaftlichen Einordnung von Nachrichtendiensten in Deutschland und der Welt seien hier vor allem folgende Titel empfohlen, wobei keinerlei Anspruch auf Vollständigkeit erhoben wird:

Mythen
Roland Barthes: Mythen des Alltags, Berlin, 2012

Eva Jobs: Ursprung und Gehalt von Mythen über Geheimdienste, in: APuZ 18-19/2014

Lexika
Helmut Roewer/Stefan Schäfer/Matthias Uhl: Lexikon der Geheimdienste im 20. Jahrhundert, München, 2003

Bodo Hechelhammer: Nachrichtendienstliche Begriffsbestimmungen der »Organisation Gehlen« und des frühen Bundesnachrichtendienstes, Hg.: BND, Berlin, 2012

Wassily Mitrochin (Hg.): KGB Lexikon. The Soviet Intelligence Officer's Handbook, London, 2002

Roger Engelmann et al. (Hg.): Das MfS-Lexikon. Begriffe, Personen und Strukturen der Staatssicherheit der DDR, Berlin, 2010

Überblick und Nachrichtendienststudien
Christopher Andrew: The Secret World: A History of Intelligence, London, 2018

Janusz Piekałkiewicz: Weltgeschichte der Spionage. Agenten – Systeme – Aktionen, München, 1988

Paul Maddrell/Christopher Moran: Spy Chiefs, 2 Bde., Washington, 2017

Paul Maddrell (Hg.): Image of the Enemy. Intelligence Analysis of Adversaries since 1945, Washington, 2014

Eva Horn: Der geheime Krieg. Verrat, Spionage und moderne Fiktion, Frankfurt am Main, 2007

Wolfgang Krieger (Hg.): Geheimdienste in der Weltgeschichte. Spionage und verdeckte Aktionen von der Antike bis zur Gegenwart, München, 2003

Wolfgang Krieger: Geschichte der Geheimdienste. Von den Pharaonen bis zur NSA, München, 2009

Robert Dover/Michael Goodman/Claudia Hillebrand: Routledge Companion to Intelligence Studies, London, 2013

Jeffrey Richelson: The United States Intelligence Community, Boulder, Colorado, 2012

Jeffrey Richelson/Desmond Ball: The Ties That Bind: Intelligence Cooperation between the UKUSA Countries, Cambridge, 1985

Loch Johnson (Hg.): The Oxford Handbook of National Security Intelligence, Oxford, 2010

David Kahn: The Code Breakers – The Story of Secret Writing, Macmillan, 1974

Stephan Blancke: Private Intelligence. Geheimdienstliche Aktivitäten nicht-staatlicher Akteure, Wiesbaden, 2011

BND

Jost Dülffer et al. (Hg.): Veröffentlichungen der Unabhängigen Historikerkommission zur Erforschung der Geschichte des Bundesnachrichtendienstes 1945 – 1968, 12 Bde., Berlin, 2014-2018

Bodo Hechelhammer: Möglichkeiten und Grenzen des Zugangs zu Unterlagen der Nachrichtendienste. Geschichtsaufarbeitung des Bundesnachrichtendienstes im Spannungsfeld zwischen Geheimhaltung und Transparenz, in: Mitteilungen aus dem Bundesarchiv 1/2013, S. 52-60

Bodo Hechelhammer/Susanne Meinl: Geheimobjekt Pullach. Von der NS-Mustersiedlung zur Zentrale des BND, Berlin, 2014

Armin Wagner/Matthias Uhl: BND contra Sowjetarmee. Westdeutsche Militärspionage in der DDR, Berlin, 2007

Verfassungsschutz

Richard van Hüllen/Thomas Grumke: Der Verfassungsschutz. Grundlagen, Gegenwart, Perspektiven, Opladen, 2016

Michael Wala/Konstantin Goschler: Keine neue Gestapo! Das Bundesamt für Verfassungsschutz und die NS-Vergangenheit, Reinbeck, 2015

Wolfgang Buschfort: Geheime Hüter der Verfassung. Von der Düsseldorfer Informationsstelle zum ersten Verfassungsschutz der Bundesrepublik (1947–1961), Paderborn, 2004

CIA & FBI

Tim Weiner: CIA: Die ganze Geschichte, Frankfurt am Main, 2007

Richard Aldrich: The Hidden Hand: Britain, America and Cold War Secret Intelligence, London, 2001

Bernd Stöver: CIA: Geschichte, Organisation, Skandale, München, 2017

Tim Weiner: FBI: Die wahre Geschichte einer legendären Organisation, Frankfurt am Main, 2012

Britische Geheimdienste

Richard J. Aldrich: GCHQ – The Uncensored Story of Britain's Most Secret Intelligence Agency, London, 2011

Christopher Andrew: MI-5. Die wahre Geschichte des britischen Geheimdienstes, Berlin, 2011

Keith Jeffrey: The Secret History of MI6: 1909-1949, London, 2010

Mossad

Ronen Bergmann: Rise and Kill First: The Secret History of
Israel's Targeted Assassinations, New York, 2018

Victor Ostrovsky: Geheimakte Mossad. Die schmutzigen
Geschäfte des israelischen Geheimdienstes, München,
1994

Österreich

Kid Möchel: Der Geheime Krieg der Agenten. Spionage-
drehscheibe Wien, Hamburg, 1997

Siegfried Beer: Der Kampf an der »unsichtbaren Front« der
Geheimdienste in Österreich, in: Magnus Pahl et al. (Hg.):
Achtung Spione. Geheimdienste in Deutschland 1945-1956,
Dresden, 2016, 301-313

Siegfried Beer: Austria: An Intelligence Hub Coming out of
the Shadows. In: Bob de Graaff et al. (Hg.): The Handbook of
European Intelligence Cultures, MD 2016, 15-28

KGB

Christopher Andrew/Wassily Mitrochin: Schwarzbuch des
KGB, 2 Bde., Berlin, 1999

Lukasz Kaminski/Krystof Persak/Jens Gieseke (Hg.): Hand-
buch der kommunistischen Geheimdienste Osteuropas,
Berlin, 2009

Staatssicherheit der DDR

Veröffentlichungsreihe »Anatomie der Staatssicherheit«, Stasi-Unterlagenbehörde BStU, 28 Bde., Berlin, 1995-2013

Bernd Kostka/Sven Felix Kellerhoff: Hauptstadt der Spione. Geheimdienste in Berlin im Kalten Krieg, Berlin, 2016

Georg Herbstritt: Bundesbürger im Dienst der DDR-Spionage. Eine analytische Studie, Göttingen, 2007

Thomas Wegener Friis/Helmut Müller-Enbergs: DDR-Spionage: Von Albanien bis Grossbritannien, Berlin, 2018

Jens Gieseke: Mielke-Konzern. Die Geschichte der Stasi 1945-1990, München, 2001

Fiktion

John Pearson: James Bond: The Authorized Biography of James Bond, London, 1973

Metin Tolan/Joachim Stolze: Geschüttelt, nicht gerührt. James Bond und die Physik, München/Berlin, 2008

Christopher Moran: James Bond, Ian Fleming and Intelligence: Breaking down the boundary between the ›Real‹ and the ›Imagined‹, in: Journal of Cold War Studies 15/1 2013, S. 119-147

Armin Wagner: »Nicht zur Abendunterhaltung prädestiniert?« Das Ministerium für Staatssicherheit und die

Organisation Gehlen in Spionagefilm und Spionageliteratur, in: Magnus Pahl/Gorch Pieken/Matthias Rogg (Hg.): Achtung Spione! Geheimdienste in Deutschland von 1945 bis 1956, Bd. 2: Essays, Dresden, 2016, S. 367-388

Erstaunlich gute Quellen sind auch die Websites der großen angelsächsischen und deutschen Nachrichtendienste:

https://www.cia.gov.
https://www.mi5.gov.uk.
https://www.sis.gov.uk.
https://www.gchq.gov.uk.
https://www.bnd.bund.de
https://www.verfassungsschutz.de